高齢者ふれあいレクリエーションブック

百人一首ぬりえブック

大阪市立大学大学院教授　白澤政和／監修
このみ　ひかる／著

ひかりのくに

※本書の百人一首の表記は、基本的に『新版　百人一首』島津忠夫・訳注(角川ソフィア文庫)によっています。

シリーズ監修のことば

介護保険制度が2000年に始まり、各種高齢者施設も通所系サービスも、利用者がサービスを自己選択する時代を迎えました。この結果、職員は質の高い「高齢者本位」のサービスを提供することが強く求められています。こうしたサービスを提供していくには、施設や在宅サービスの職員は、高齢者の過去の生活や現在の心身の状況について理解しながら、心を通わせることが基本となります。こうしたふれあいは、高齢者には「視る」「聴く」「食す」「触る」「臭う」といった「五感」を豊かにしてくれるものであり、施設や事業者にとっては最も大切にしていかなければならないことです。

高齢者とのふれあいの中で、高齢者の五感を豊かにすることができるよう、『高齢者ふれあいレクリエーションブック』シリーズを刊行することとしました。このシリーズは、介護の現場で働く皆様が、高齢者と関わる上ですぐに役立つものを提供することで、高齢者との素敵なふれあいを作っていただきたいと企画したものです。この書から、個々の高齢者のもっている残存能力が発見され、高まるものと確信しています。

是非、各種高齢者施設や在宅サービス事業者で働く職員の方々に、この『高齢者ふれあいレクリエーションブック』シリーズをご活用いただき、高齢者から高い満足感が得られ、選ばれる施設となるようご活躍いただくことを心から願っています。

大阪市立大学大学院　生活科学研究科
教授　白澤政和

はじめに

わたしたちが生きている浮き世が「夢」であり、苦しみの囲いの中であっても、そこに「あそび」を入れ込んで暮らしていくことができたら、もっと気楽なものになるはずです。きまじめで働き者の原日本人である高齢者にとって、「あそび」はあまり良い印象を与えてはきませんでした。確かに良くないあそびもありますが、わたしが申し上げるのは「あそび心」の「あそび」であり、頭を使っての「知的遊戯」を指す「あそび」です。

最近、わたしたちの身の回りに「ぼけ」「老人介護」「超高齢化社会」といった活字や映像が目につきます。それもそのはずで、なんと国民の約四人にひとりが六十五歳以上の高齢者という社会状況。子どもより年寄りの方が多い世の中なのです。「老い」や「死」が今までよりもクローズアップされているのもそのためでしょう。

そこで本書は、「老ゆる」者がいかに頭を使って若さを保ち、若やいだ感覚を保ち続けながら、「老い」の道を歩んでいけるかの探検を進めてみたいとの思いで、百人一首をテーマにした、「ぬりえ」や「あそび心」をふんだんに盛り込んだ「知的遊戯」である「ゲーム」「なぞなぞ」を一冊にまとめてみました。各種高齢者施設でのレクリエーション活動などに、そして、高齢者と施設スタッフや家族をつなぐコミュニケーションツールとして、ぜひご活用ください。

「老い」知らずの「若やぎ」の頭の探検に出かけてみましょう。

なお、本書の百人一首の表記は、基本的に『新版　百人一首』島津忠夫・訳注（角川ソフィア文庫）によりましたが、一部、ほかを参考に変更を加えました。

このみ　ひかる

本書の特長と楽しみ方

本書の特長

昔から日本人に親しみ深い「百人一首」の百首すべてを、「ぬりえ」として楽しめる画期的な本です。

ぬりえのほかにも、いろんな楽しみ方を提案しています。

百人一首から広がる世界を、老いも若きも、知っている方も知らない方も、皆さんで体験してください。

楽しみ方①

百人一首ぬりえ

百首すべてを「ぬりえ」として掲載しました。原寸または適当な大きさに拡大コピーするなどして、ご自分のイメージで、オリジナルな作品にしあげてください。

皆さんの作品を展示すると壮観です。額に入れて飾ってもよいでしょう。壁面が豊かな空間になります（58ページ参照）。

楽しみ方②

百人一首オリジナルカルタ作り

皆さんの作品でカルタを作りましょう。色を塗った作品を（縮小）カラーコピーし、ボール紙などにはると絵札ができます。字札は下の句を毛筆や筆ペンで書いて作ります（59・60ページ参照）。

カルタとして楽しむほかに、詠むだけでも、飾るだけでもよいでしょう。好きな歌だけを作ってもOKです。視覚・聴覚・触覚をフル活用して作った後、歌のイメージに浸れば、まさに五感を刺激するすばらしいレクリエーションになります。

楽しみ方3

五・七・五・七・七の「百人一首的和歌調なぞなぞ」

日本一のなぞなぞ博士、このみひかる先生が書き下ろした、百人一首的和歌調なぞなぞを百十六首掲載しました。

百人一首のように詠じるもよし、普通になぞなぞとして楽しむもよし。

また、皆さんでオリジナル和歌調なぞなぞ作りにも挑戦してみましょう。

楽しみ方4

お好み「和歌絵手紙」

本書の台紙（61ページ）をコピーして手紙を書き、お好きな絵もかき添えれば、これもまた趣の深いもの。絵手紙的な作品にもなります。

もちろん、オリジナルの和歌で作っていただいてもよいのです。

難しい決まりは抜きにして、お好み「和歌絵手紙」もどうでしょう。

楽しみ方5

百人一首を題材にした迷路・ゲーム

62ページからの迷路やゲームは、コピーして参加者に配るだけですぐできます。ちょっと違った楽しさが広がります。

付録 百人一首一覧（現代語訳）

百首すべての簡略な現代語訳を掲載しました。これを入り口に、もっと深く百人一首を味わってみましょう。よくご存じの高齢者の方に教わるのもよいでしょう。

百人一首ぬりえブック

塗って、飾って、詠んで、遊んで…。

百首分のぬりえ・カルタ、ゲーム&なぞなぞ

もくじ

スタッフ

本文レイアウト・ＤＴＰ／永井一嘉

イラスト協力／池田千秋・岡本晃彦

編集協力／このみ・プラニング(君野和摩)

企画編集／安藤憲志・佐藤恭子

おことわり(編集部)

百人一首の歌や歌人の表記などについては、いろんな場合があります。どれが正しいと言い切れるものではありませんので、本書では基本的に『新版　百人一首』島津忠夫・訳注（角川ソフィア文庫）によっています。ほかのカルタなどとの違いがあると感じられた場合、どちらもまちがいではないとお考えください。

例
- 柿本人丸…人麿・人麻呂
- 相坂の関…逢坂の関
- 水くゞるとは…水くくるとは

～～は本書での表記。

百人一首ぬりえ

もくじ

百人一首の表記は、基本的に『新版　百人一首』島津忠夫・訳注（角川ソフィア文庫）によりましたが、一部、ほかを参考に変更を加えました。

絵は百人一首カルタ『元禄』（エンゼル商事株式会社）を参考に、新たにかき起こしたものです。営利目的の無断複製はご遠慮ください。

※付録として、74ページから現代語訳を掲載しています。

①天智天皇

天智天皇《てんじてんのう》

秋《あき》の田《た》の
かりほの庵《いほ》の
とまをあらみ
わがころもでは
露《つゆ》にぬれつゝ《つ》

②持統天皇

持統天皇《じとうてんのう》

春《はる》すぎて
夏来《なつき》にけらし
白妙《しろたへ》の
ころもほすてふ
あまのかぐ山《やま》

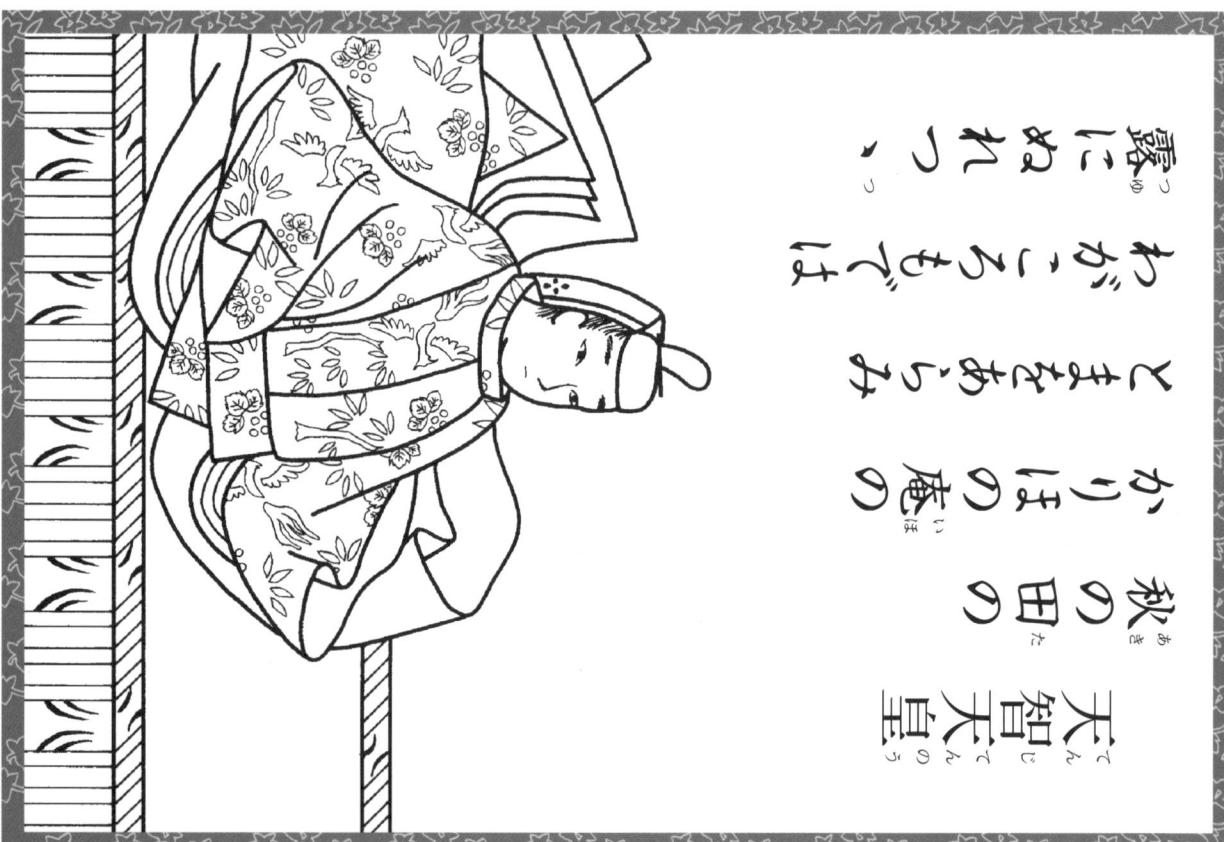

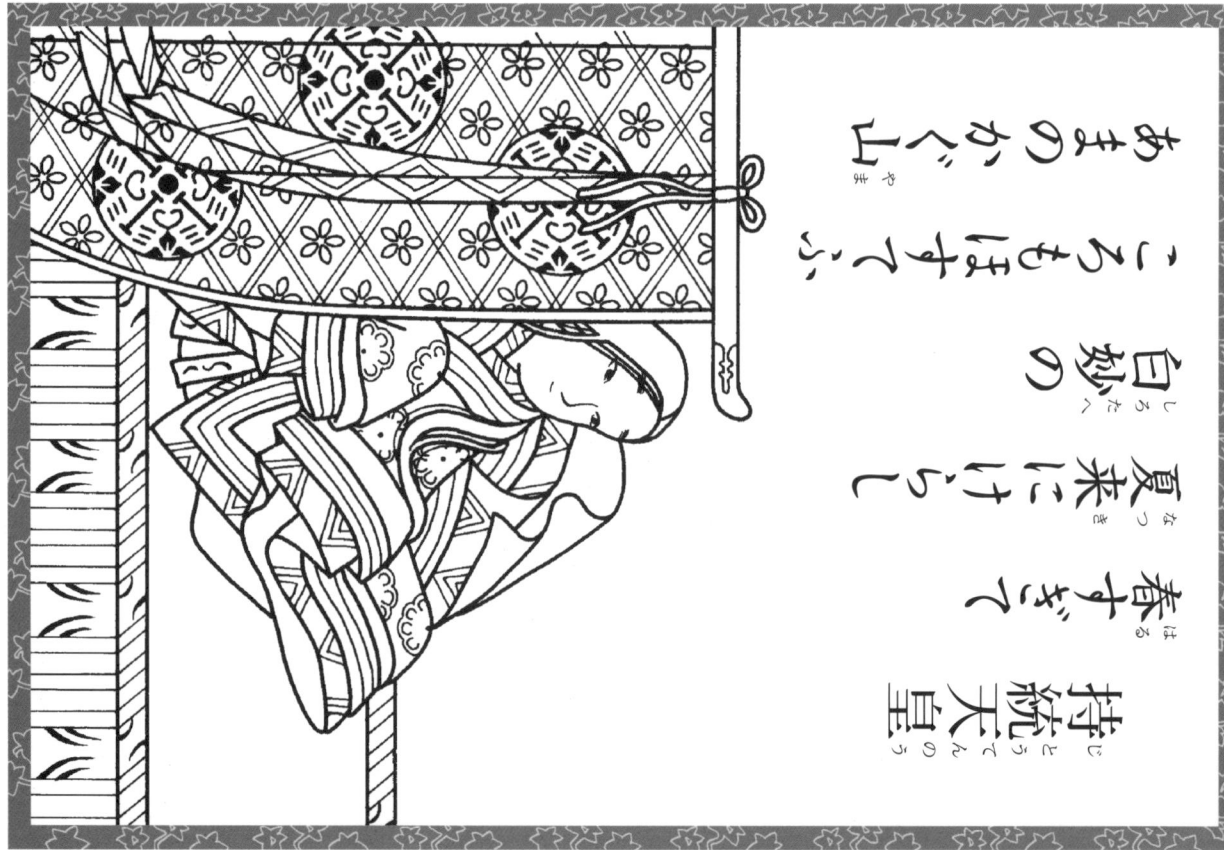

柿本人丸《かきのもとのひとまる》

足引《あしびき》の
山鳥《やまどり》の尾《お》の
しだりをの
なが〱《なが》し夜《よ》を
ひとりかもねん

③柿本人丸

山辺赤人《やまのべのあかひと》

田子《たご》の浦《うら》に
うち出《いで》てみれば
白妙《しろたへ》の
ふじのたかねに
雪《ゆき》はふりつゝ《つ》

④山辺赤人

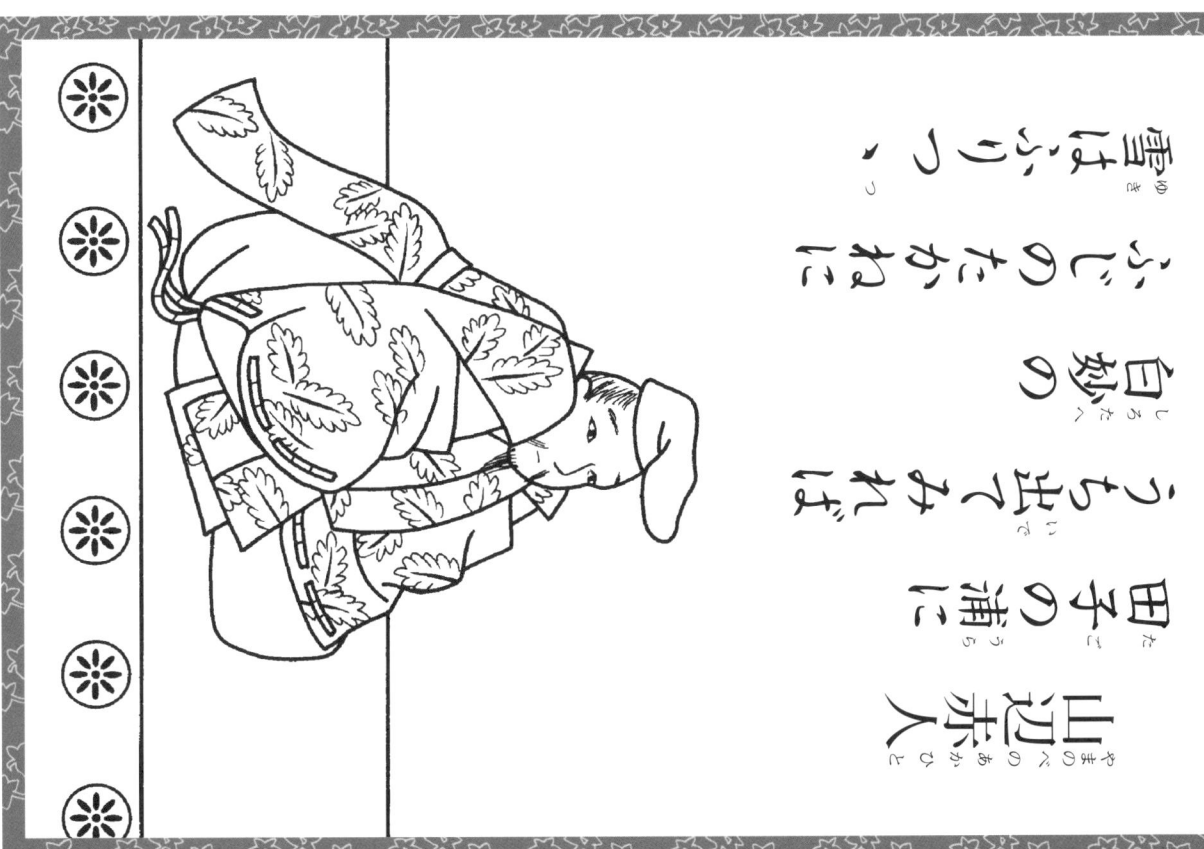

⑤猿丸大夫

猿丸大夫《さるまるたいふ》

おくやまに
紅葉《もみぢ》踏分《ふみわけ》
なく鹿《しか》の
声《こゑ》きくときぞ
あきは悲《かな》しき

⑥中納言家持

中納言家持《ちゅうなごんやかもち》

かさゝ《さ》ぎの
わたせる橋《はし》に
おくしもの
しろきをみれば
夜《よ》ぞふけにける

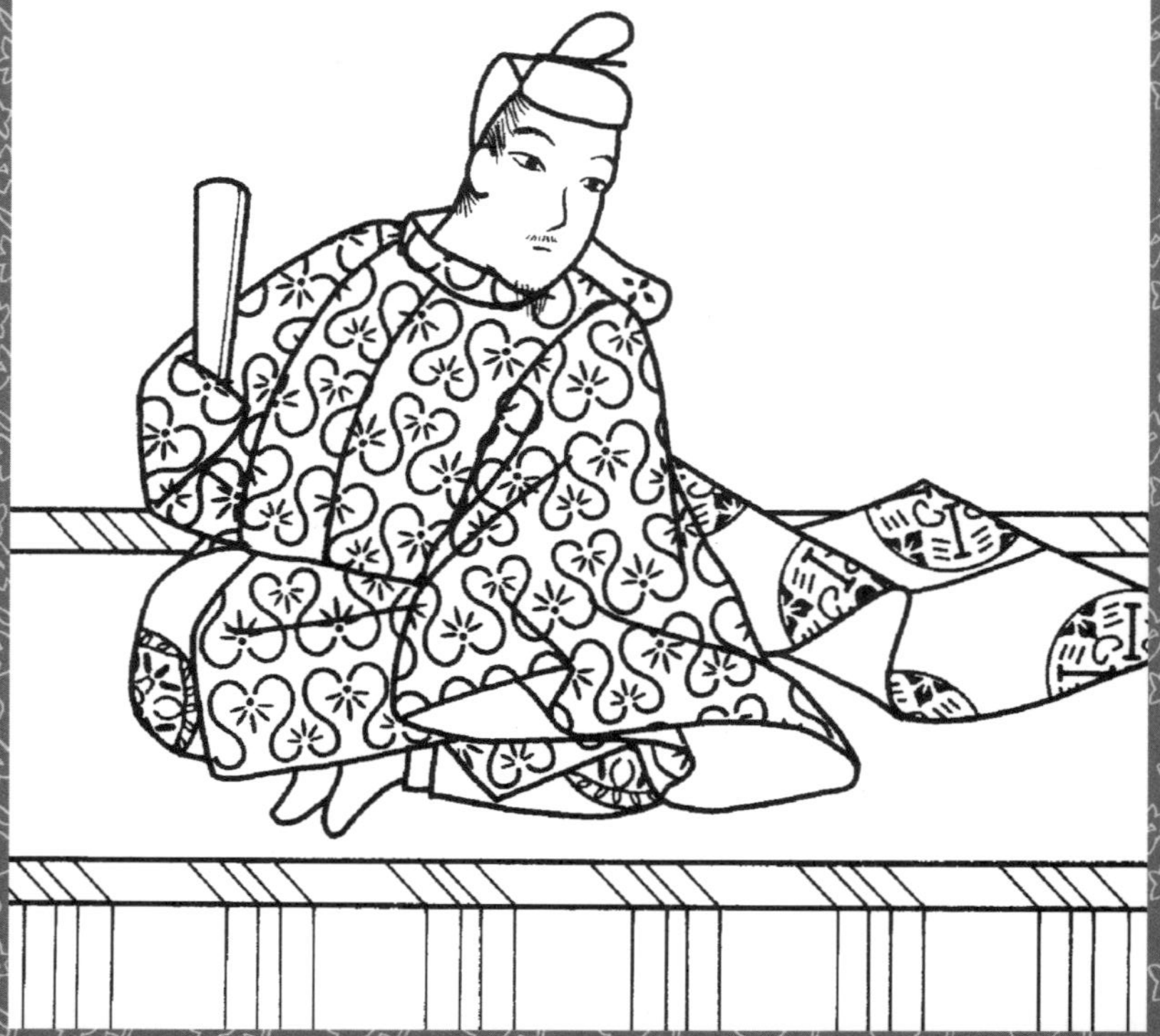

安倍仲麿《あべのなかまろ》

天《あま》の原《はら》
ふりさけみれば
春日《かすが》なる
三笠《みかさ》の山《やま》に
いでし月《つき》かも

⑦安倍仲麿

喜撰法師《きせんほうし》

我庵《わがいほ》は
都《みやこ》のたつみ
しかぞすむ
世《よ》をうぢ山《やま》と
人《ひと》はいふ也《なり》

⑧喜撰法師

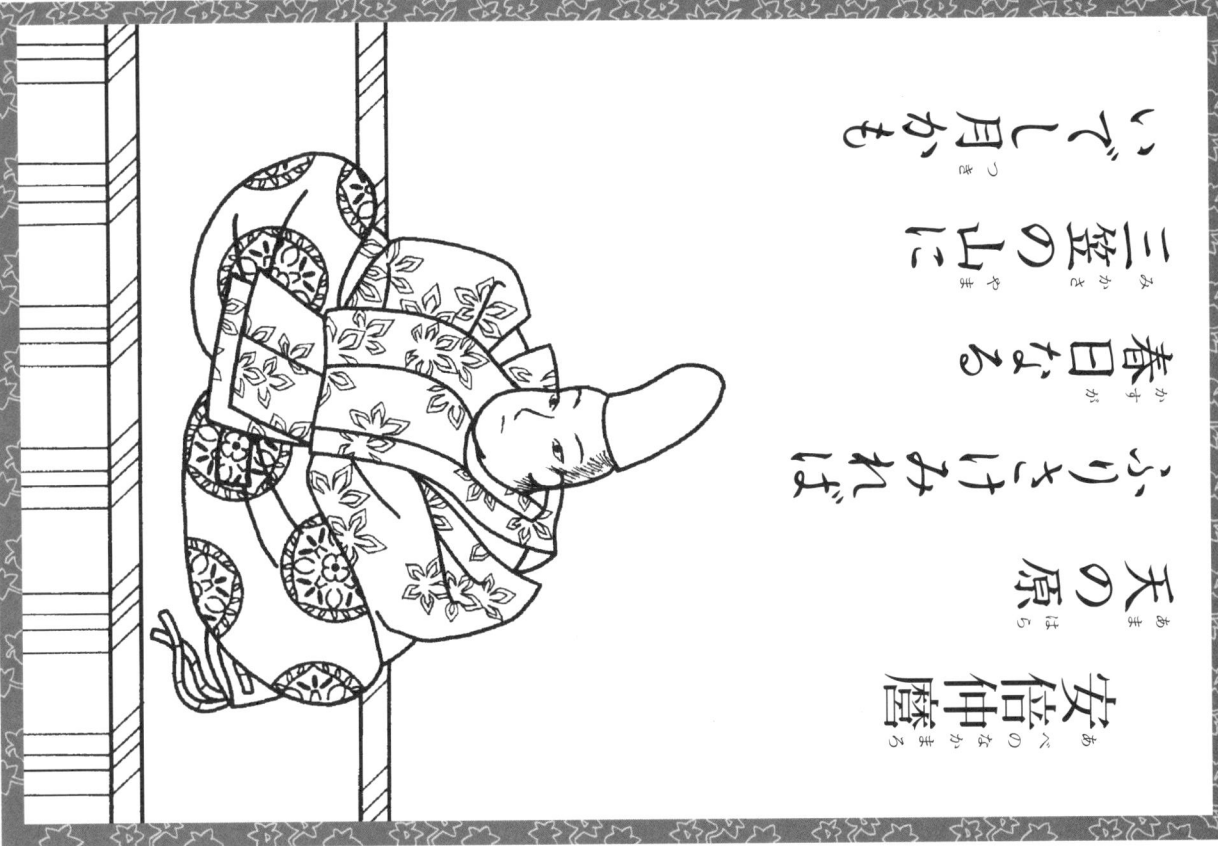

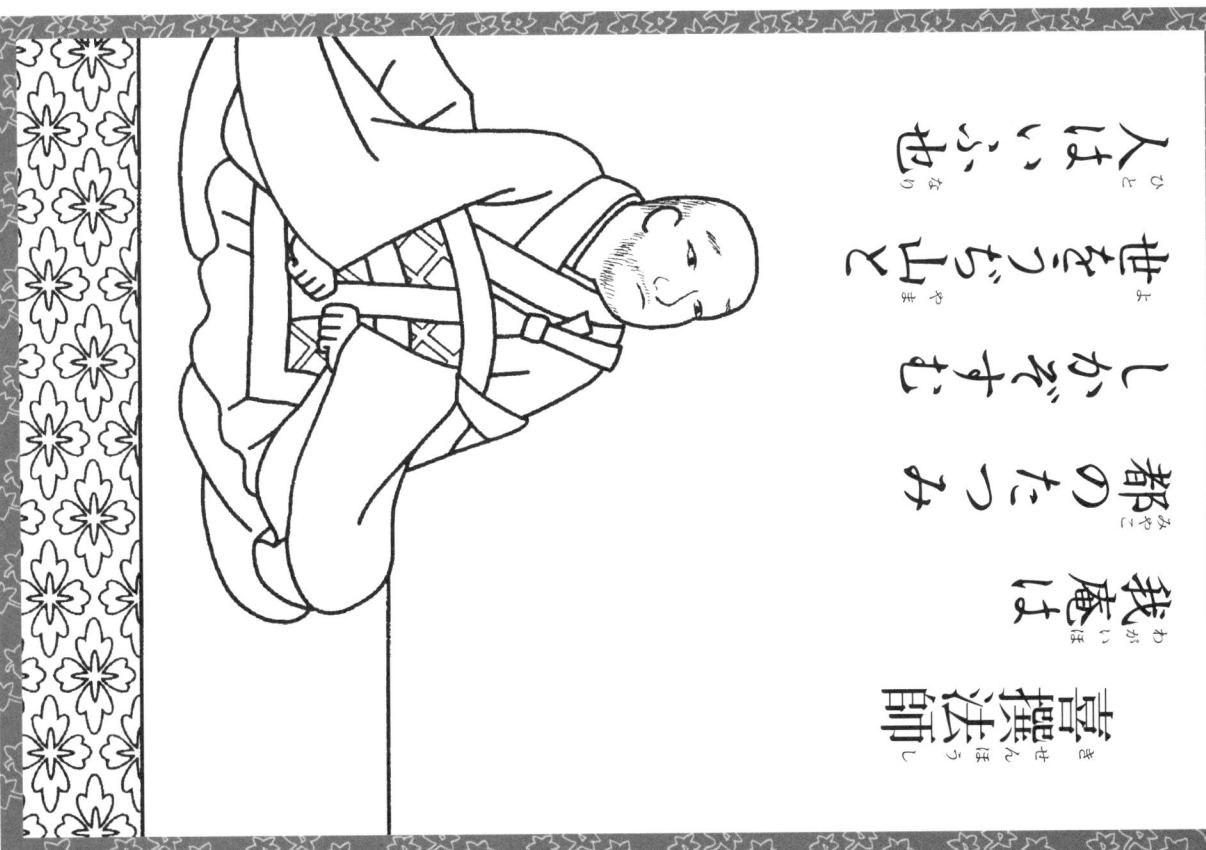

⑨小野小町

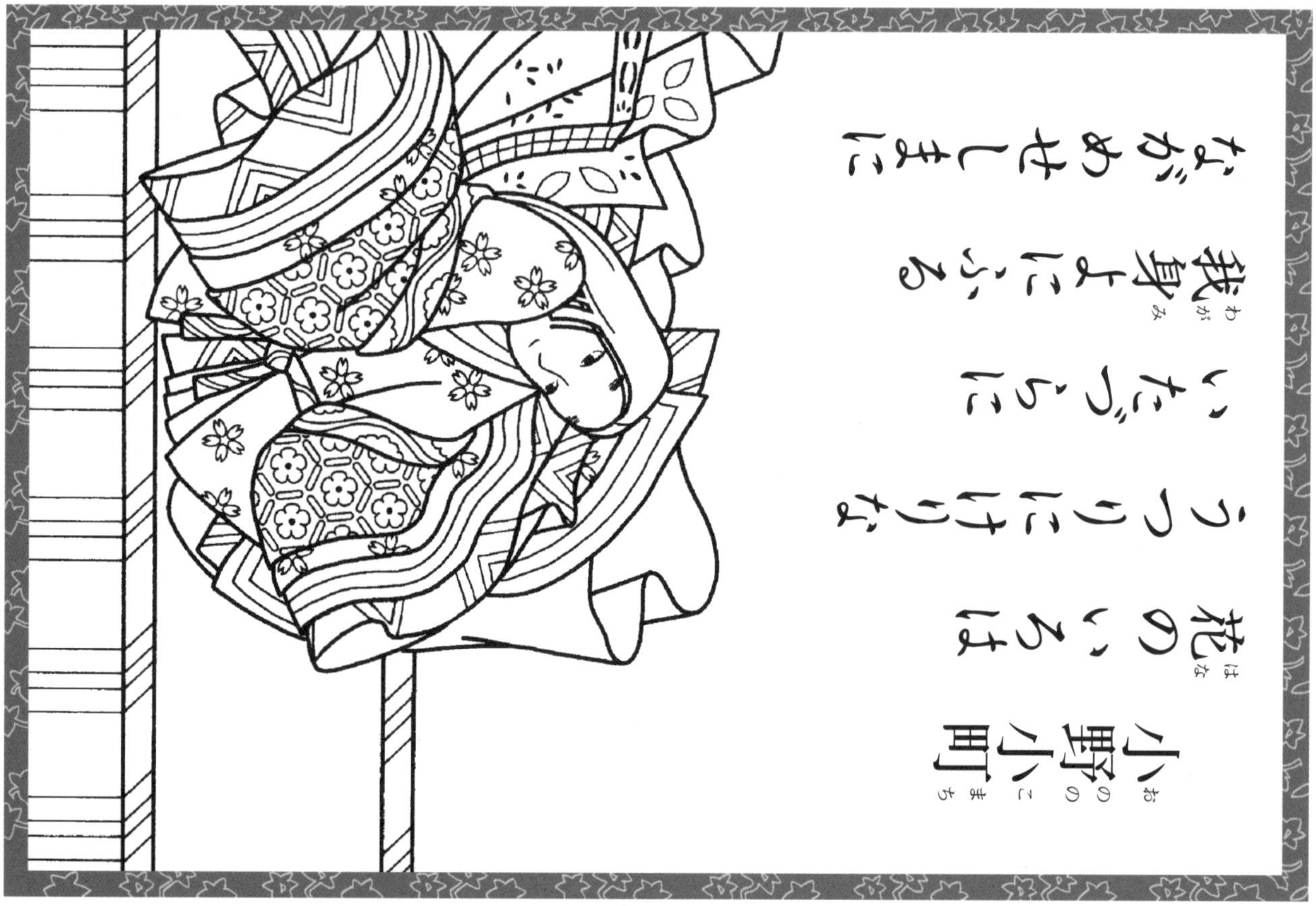
小野小町《おののこまち》
花《はな》のいろは
うつりにけりな
いたづらに
我身《わがみ》よにふる
ながめせしまに

⑩蟬丸

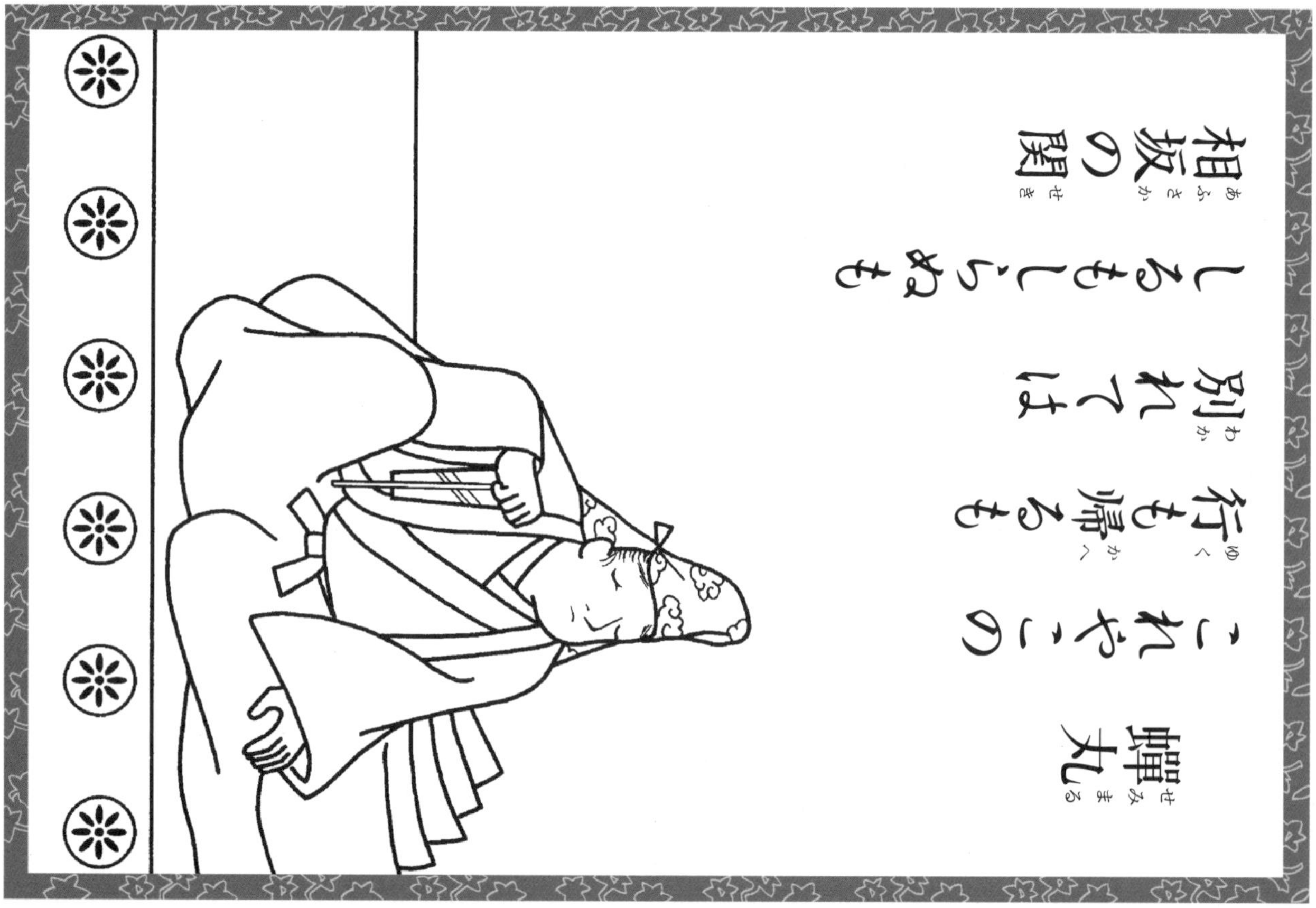
蟬丸《せみまる》
これやこの
行《ゆく》も帰《かへ》るも
別《わか》れては
しるもしらぬも
相坂《あふさか》の関《せき》

参議篁《さんぎたかむら》

わたのはら
八十嶋《やそしま》かけて
漕出《こぎいで》ぬと
人《ひと》にはつげよ
あまのつりぶね

⑪参議篁

僧正遍昭《そうじょうへんじょう》

あまつ風《かぜ》
雲《くも》のかよひ路《ぢ》
吹《ふき》とぢよ
乙女《をとめ》のすがた
しばしとゞ《ど》めん

⑫僧正遍昭

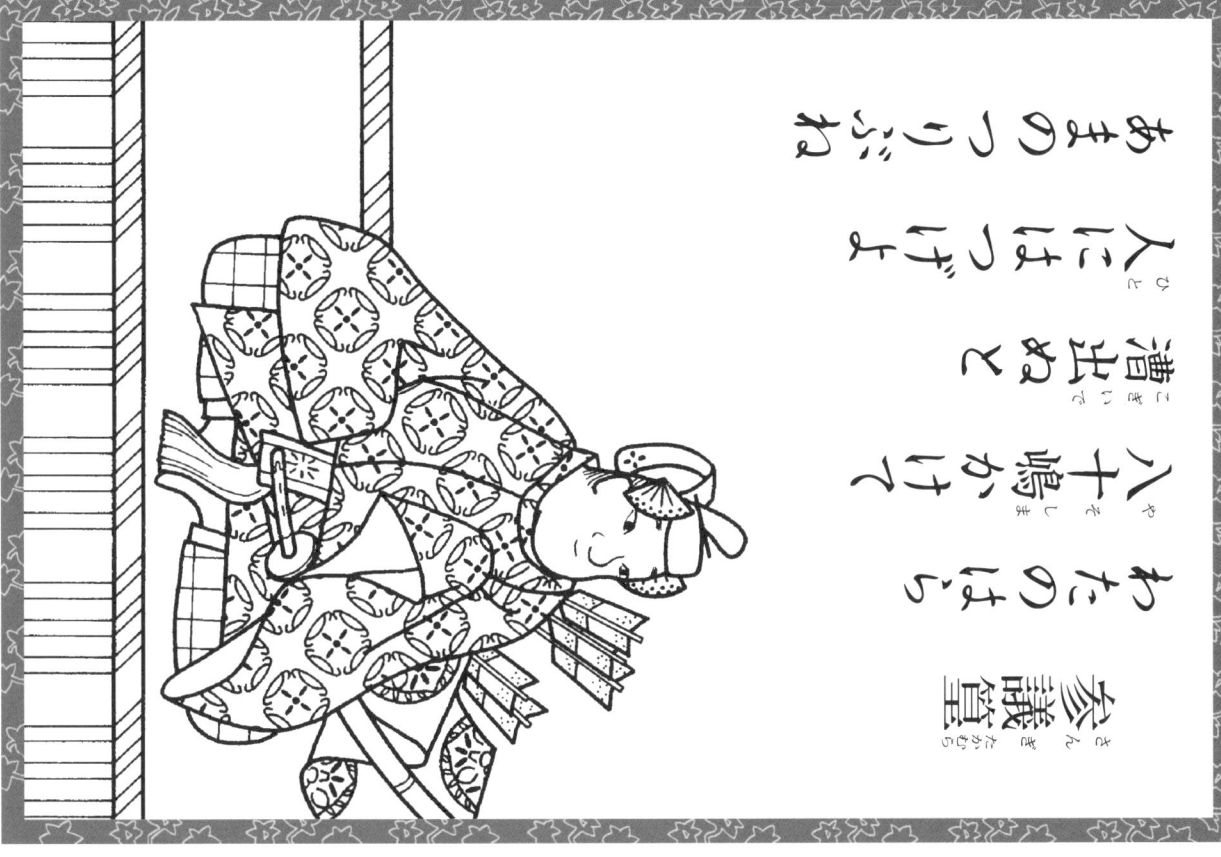

⑬陽成院

陽成院《ようぜいいん》

つくばねの
峰《みね》より落《おつ》る
みなの川《がは》
こひぞつもりて
淵《ふち》となりぬる

⑭河原左大臣

河原左大臣《かわらのさだいじん》

陸奥《みちのく》の
しのぶもぢずり
誰《たれ》ゆゑに
みだれそめにし
我《われ》ならなくに

光孝天皇《こうこうてんのう》

君《きみ》がため
春《はる》の野《の》に出《いで》て
若菜《わかな》つむ
わが衣手《ころもで》に
雪《ゆき》はふりつゝ《つ》

⑮光孝天皇

中納言行平《ちゅうなごんゆきひら》

立別《たちわか》れ
いなばの山《やま》の
嶺《みね》におふる
まつとしきかば
今《いま》かへりこむ

⑯中納言行平

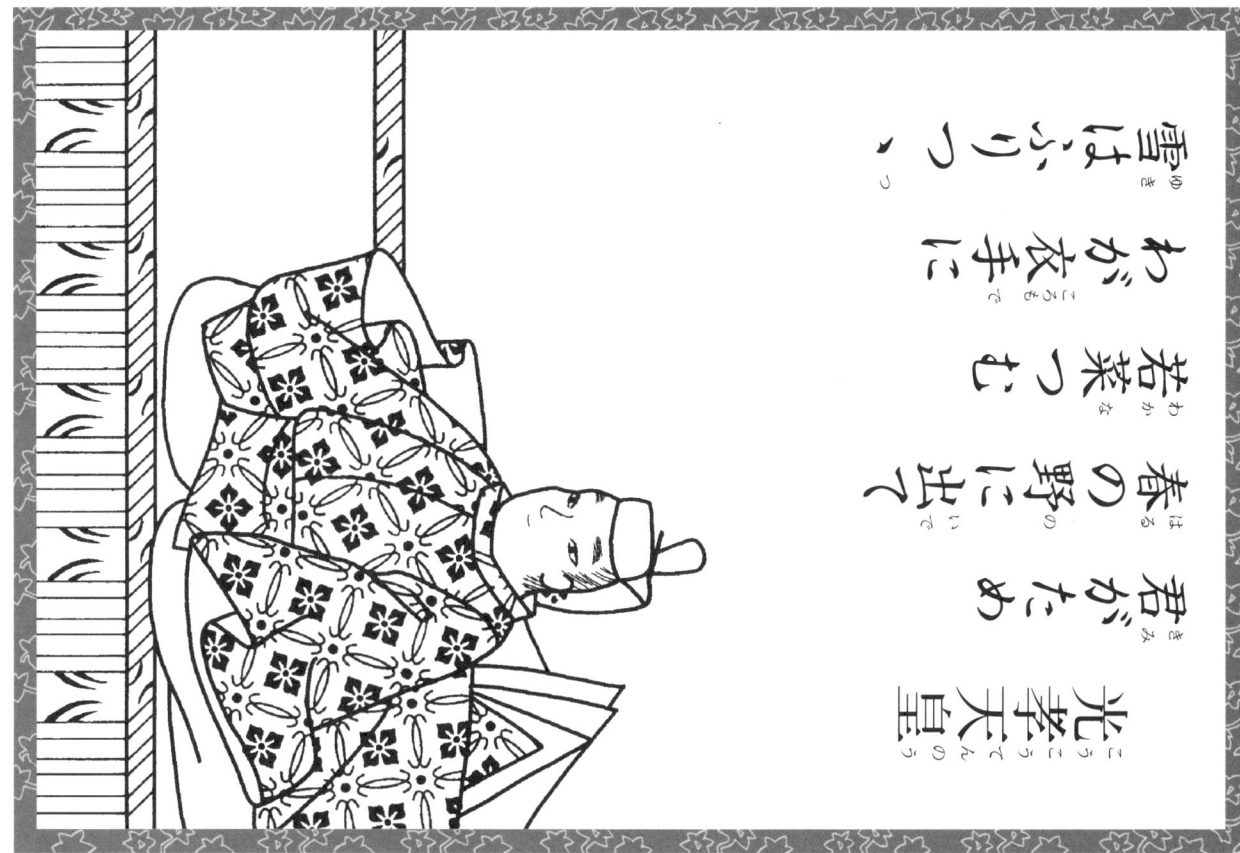

⑰在原業平朝臣

在原業平朝臣《ありわらのなりひらのあそん》

ちはやぶる
神代《かみよ》もきかず
竜田川《たつたがは》
からくれなゐに
水《みづ》くゞ《ぐ》るとは

⑱藤原敏行朝臣

藤原敏行朝臣《ふじわらのとしゆきのあそん》

住《すみ》の江《え》の
岸《きし》による波《なみ》
よるさへや
ゆめの通路《かよひぢ》
人《ひと》めよく覧《らむ》

伊勢《いせ》
難波《なには》がた
みじかきあしの
ふしのまも
あはで此《この》よを
過《すぐ》してよとや

⑲伊勢

元良親王《もとよししんのう》
わびぬれば
今《いま》はた同《おな》じ
難波《なには》なる
身《み》をつくしても
あはむとぞ思《おも》ふ

⑳元良親王

㉑素性法師

素性法師《そせいほうし》

今《いま》こむと
いひしばかりに
長月《ながつき》の
有明《ありあけ》の月《つき》を
まちいでつるかな

㉒文屋康秀

文屋康秀《ふんやのやすひで》

吹《ふく》からに
秋《あき》の草木《くさき》の
しほるれば
むべ山風《やまかぜ》を
あらしと云《いふ》らむ

大江千里《おおえのちさと》

月《つき》みれば
千々《ちぢ》に物《もの》こそ
悲《かな》しけれ
我身《わがみ》ひとつの
秋《あき》にはあらねど

㉓大江千里

菅家《かんけ》

此《この》たびは
ぬさもとりあへず
手向山《たむけやま》
紅葉《もみぢ》のにしき
かみのまに《まに》〳〵

㉔菅家

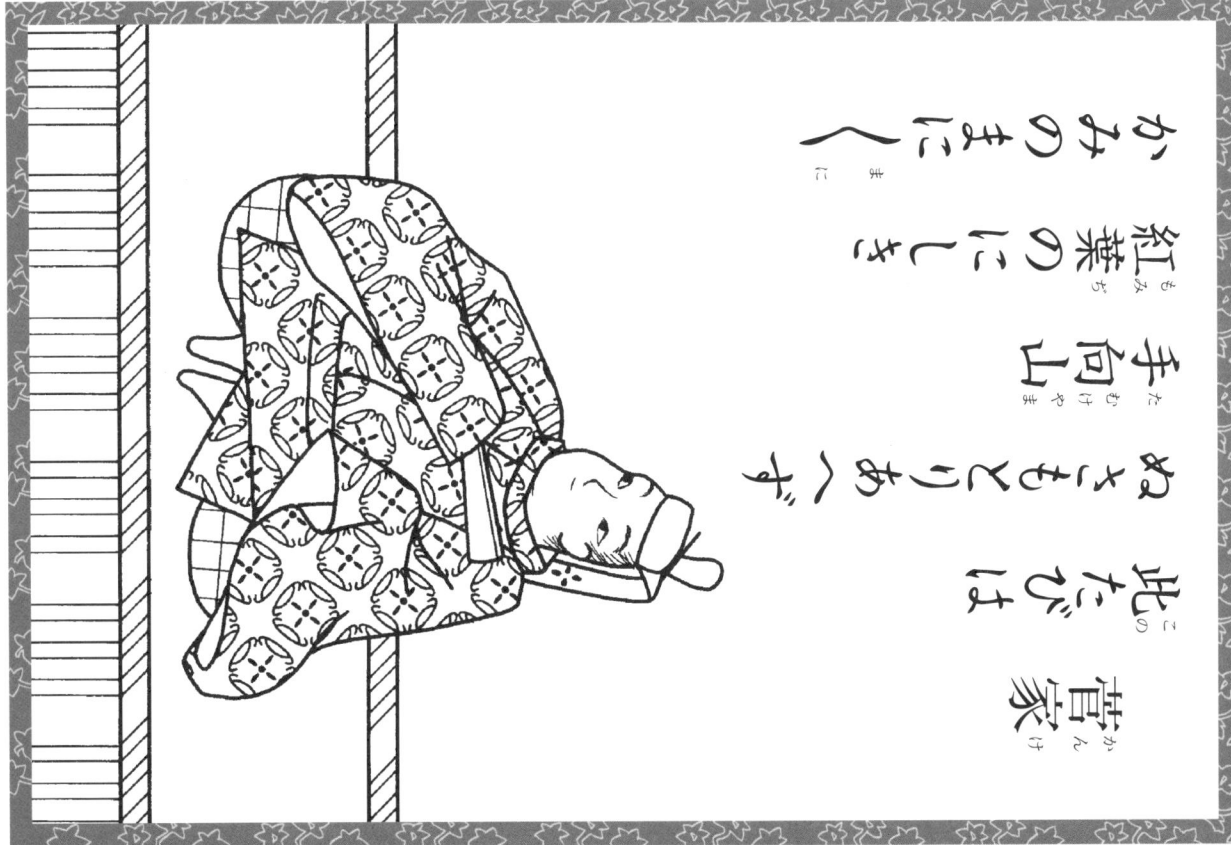

㉕三条右大臣

三条右大臣《さんじょうのうだいじん》

名《な》にしおはゞ《ば》
相坂山《あふさかやま》の
さねかづら
人《ひと》にしられで
くるよしもがな

㉖貞信公

貞信公《ていしんこう》

をぐら山《やま》
峰《みね》の紅葉《もみぢ》ば
心《こころ》あらば
今《いま》ひとたびの
みゆきまたなん

㉗中納言兼輔

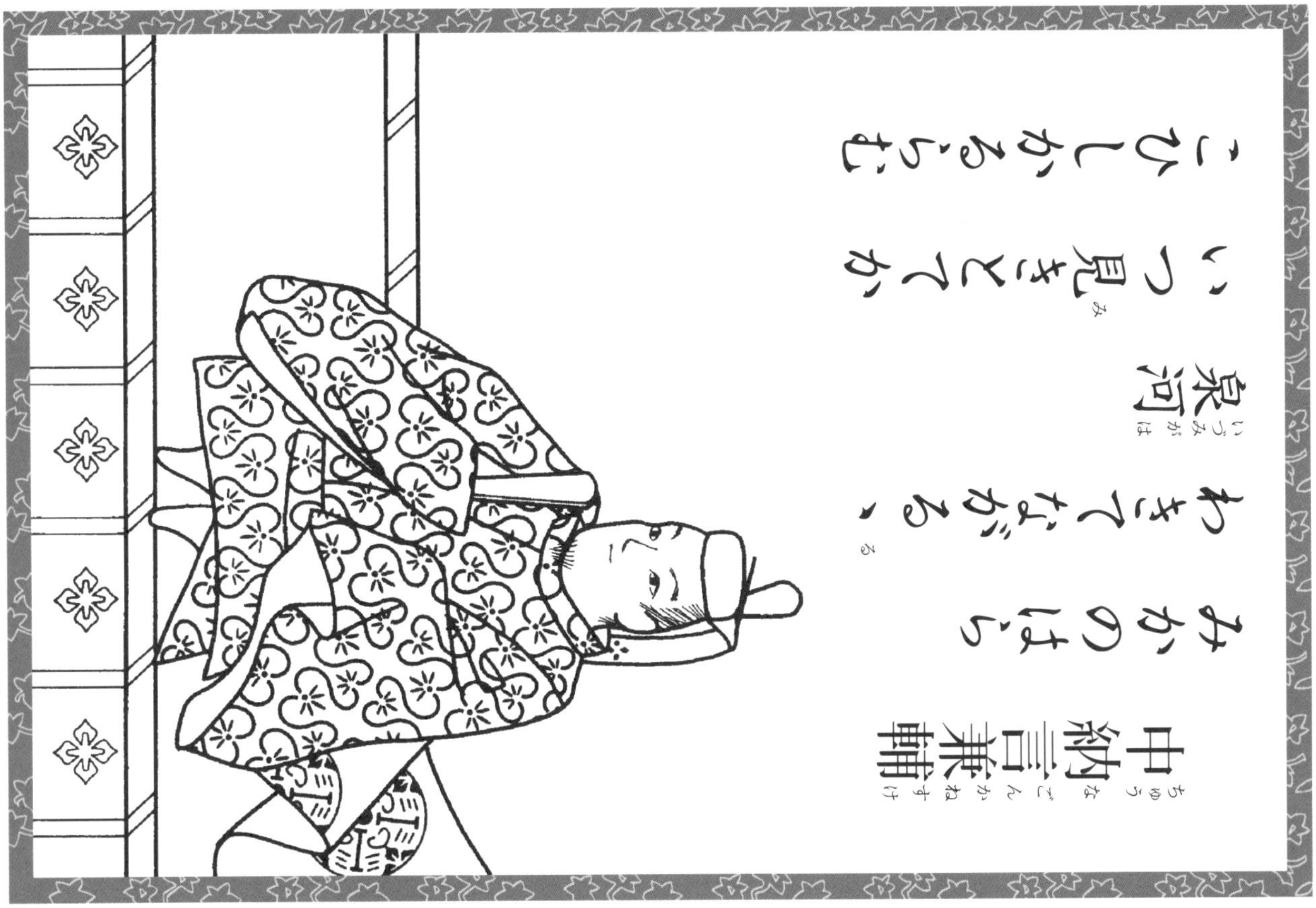

中納言兼輔《ちゅうなごんかねすけ》
みかのはら
わきてながるる
泉河《いづみがは》
いつ見《み》きとてか
こひしかるらむ

㉘源宗于朝臣

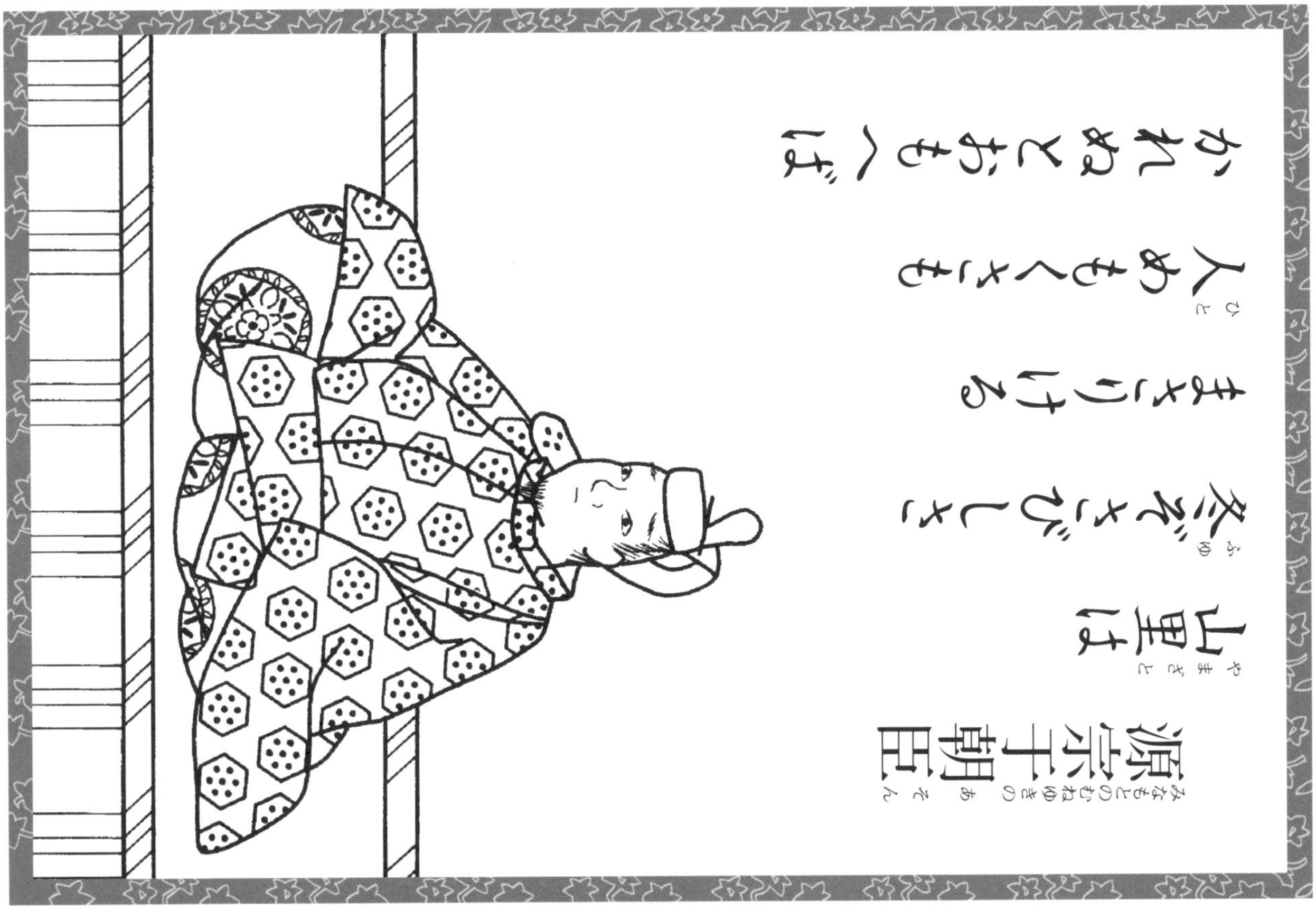

源宗于朝臣《みなもとのむねゆきのあそん》
山里《やまざと》は
冬《ふゆ》ぞさびしさ
まさりける
人《ひと》めもくさも
かれぬとおもへば

㉙凡河内躬恒

凡河内躬恒《おおしこうちのみつね》

心《こころ》あてに
をらばやをらむ
初霜《はつしも》の
おきまどはせる
しらぎくの花《はな》

㉚壬生忠岑

壬生忠岑《みぶのただみね》

有明《ありあけ》の
つれなくみえし
別《わかれ》より
暁《あかつき》ばかり
うきものはなし

坂上是則《さかのうえのこれのり》

朝朗《あさぼらけ》
有明《ありあけ》の月《つき》と
見《み》るまでに
芳野《よしの》の里《さと》に
ふれるしら雪《ゆき》

㉛坂上是則

春道列樹《はるみちのつらき》

山川《やまがは》に
風《かぜ》のかけたる
しがらみは
ながれもあへぬ
紅葉《もみぢ》なりけり

㉜春道列樹

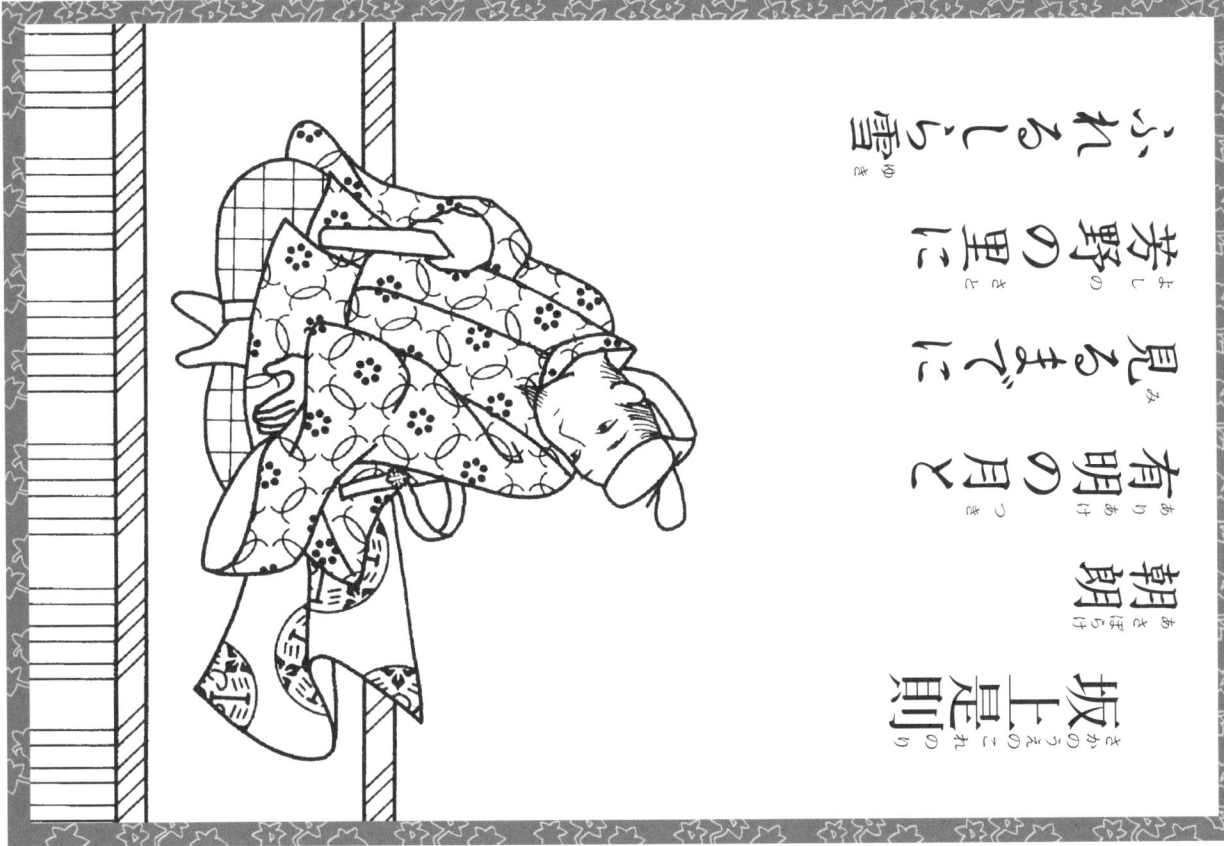

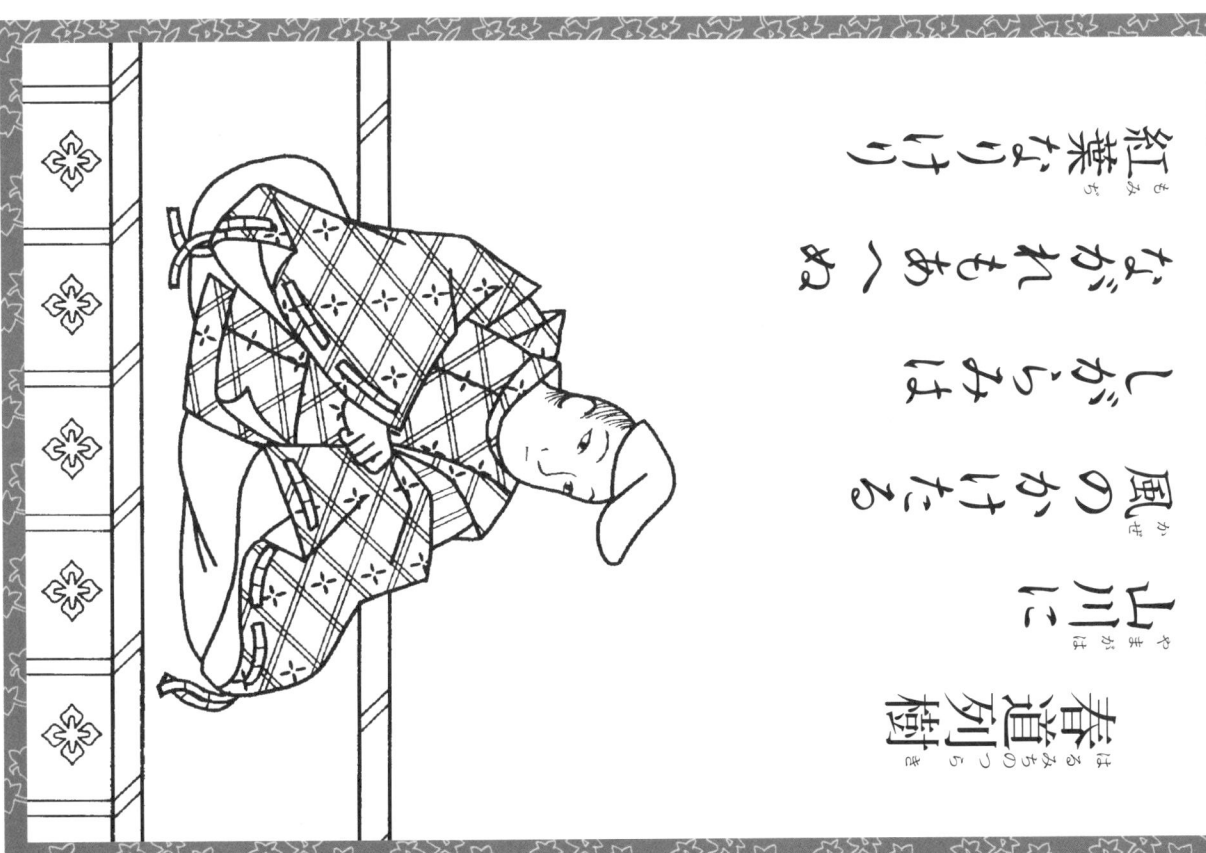

㉝紀友則

紀友則《きのとものり》

久堅《ひさかた》の
ひかりのどけき
春《はる》の日《ひ》に
しづ心《こころ》なく
花《はな》のちるらむ

㉞藤原興風

藤原興風《ふじわらのおきかぜ》

誰《たれ》をかも
しる人《ひと》にせむ
高砂《たかさご》の
松《まつ》もむかしの
ともならなくに

紀貫之《きのつらゆき》
人《ひと》はいさ
こゝ《こ》ろもしらず
故郷《ふるさと》は
はなぞむかしの
かに匂《にほ》ひける

㉟紀貫之

清原深養父《きよはらのふかやぶ》
夏《なつ》の夜《よ》は
まだ宵《よひ》ながら
明《あけ》ぬるを
雲《くも》のいづくに
月《つき》やどるらむ

㊱清原深養父

㊲文屋朝康

文屋朝康《ふんやのあさやす》

白露《しらつゆ》に
風《かぜ》のふきしく
秋《あき》のゝ《の》は
つらぬきとめぬ
玉《たま》ぞちりける

㊳右近

右近《うこん》

忘《わす》らるゝ《る》
身《み》をば思《おも》はず
ちかひてし
人《ひと》のいのちの
をしくもあるかな

参議等《さんぎひとし》
浅茅生《あさぢふ》の
をのゝ《の》しのはら
忍《しのぶ》れど
あまりてなどか
人《ひと》のこひしき
㊴参議等

平兼盛《たいらのかねもり》
しのぶれど
色《いろ》に出《いで》にけり
我恋《わがこひ》は
物《もの》や思《おもふ》と
人《ひと》の問迄《とふまで》
㊵平兼盛

㊶壬生忠見

壬生忠見《みぶのただみ》

恋《こひ》すてふ
我名《わがな》はまだき
立《たち》にけり
人《ひと》しれずこそ
思《おも》ひ初《そめ》しか

㊷清原元輔

清原元輔《きよはらのもとすけ》

契《ちぎり》きな
かたみに袖《そで》を
しぼりつゝ《つ》
末《すゑ》の松山《まつやま》
なみこさじとは

権中納言敦忠《ごんちゅうなごんあつただ》

あひ見《み》ての
後《のち》の心《こころ》に
くらぶれば
むかしは物《もの》を
おもはざりけり

㊸権中納言敦忠

中納言朝忠《ちゅうなごんあさただ》

逢事《あふこと》の
たえてしなくは
中《なか》〳〵《なか》に
人《ひと》をも身《み》をも
うらみざらまし

㊹中納言朝忠

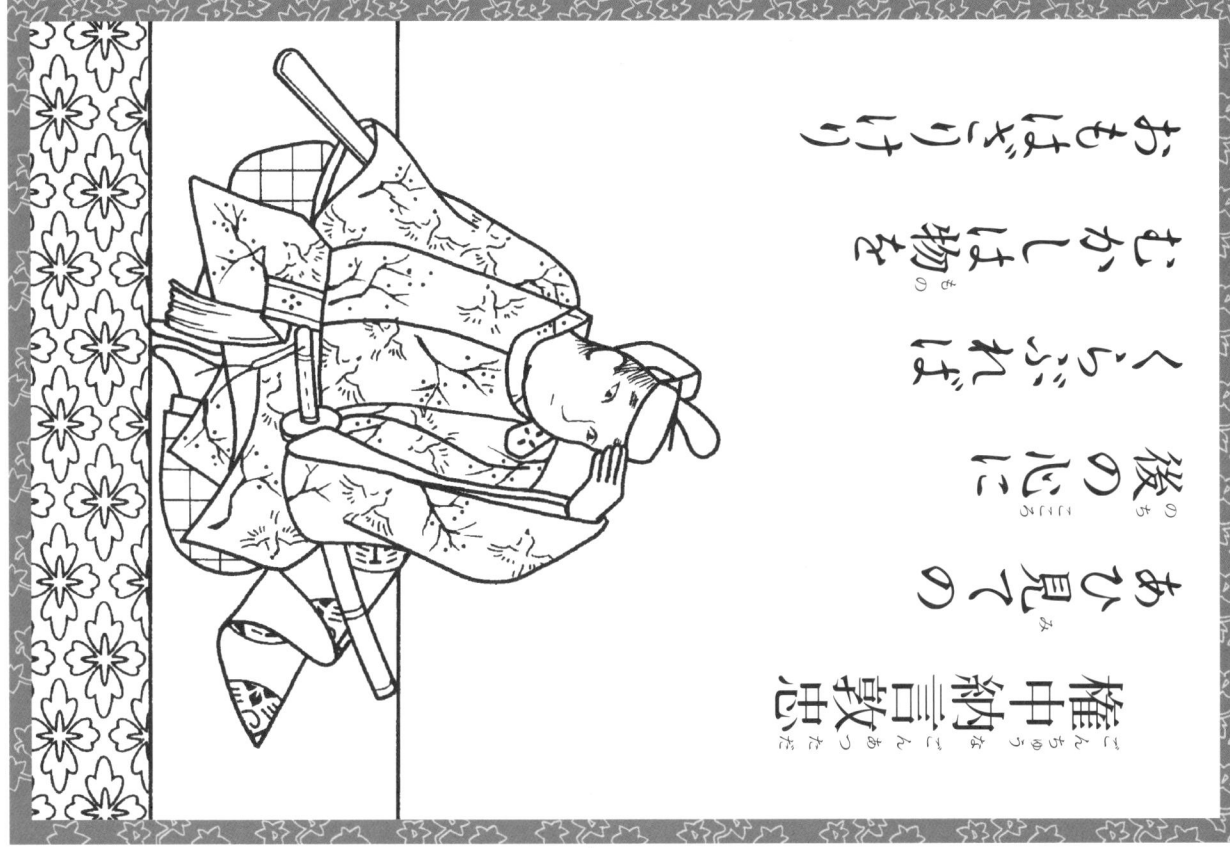

㊺謙徳公

謙徳公《けんとくこう》

哀《あはれ》とも
いふべき人《ひと》は
おもほえで
みのいたづらに
なりぬべき哉《かな》

㊻曾禰好忠

曾禰好忠《そねのよしただ》

由良《ゆら》のとを
渡《わた》る舟人《ふなびと》
かぢをたえ
行衛《ゆくへ》もしらぬ
恋《こひ》のみちかな

恵慶法師《えぎょうほうし》
やへ葎《むぐら》
しげれる宿《やど》の
さびしきに
人《ひと》こそ見《み》えね
あきは来《き》にけり

㊼恵慶法師

源重之《みなもとのしげゆき》
風《かぜ》をいたみ
岩《いは》うつ波《なみ》の
おのれのみ
くだけてものを
おもふ比《ころ》かな

㊽源重之

㊾大中臣能宣

大中臣能宣《おおなかとみのよしのぶ》
みかきもり
衛士《ゑじ》の焼火《たくひ》の
夜《よる》はもえ
昼《ひる》は消《きえ》つゝ《つ》
物《もの》をこそおもへ

㊿藤原義孝

藤原義孝《ふじわらのよしたか》
君《きみ》がため
をしからざりし
命《いのち》さへ
ながくもがなと
おもひぬる哉《かな》

藤原実方朝臣《ふじわらのさねかたあそん》
かくとだに
えやはいぶきの
さしも草《ぐさ》
さしもしらじな
もゆる思《おも》ひを

⑤1 藤原実方朝臣

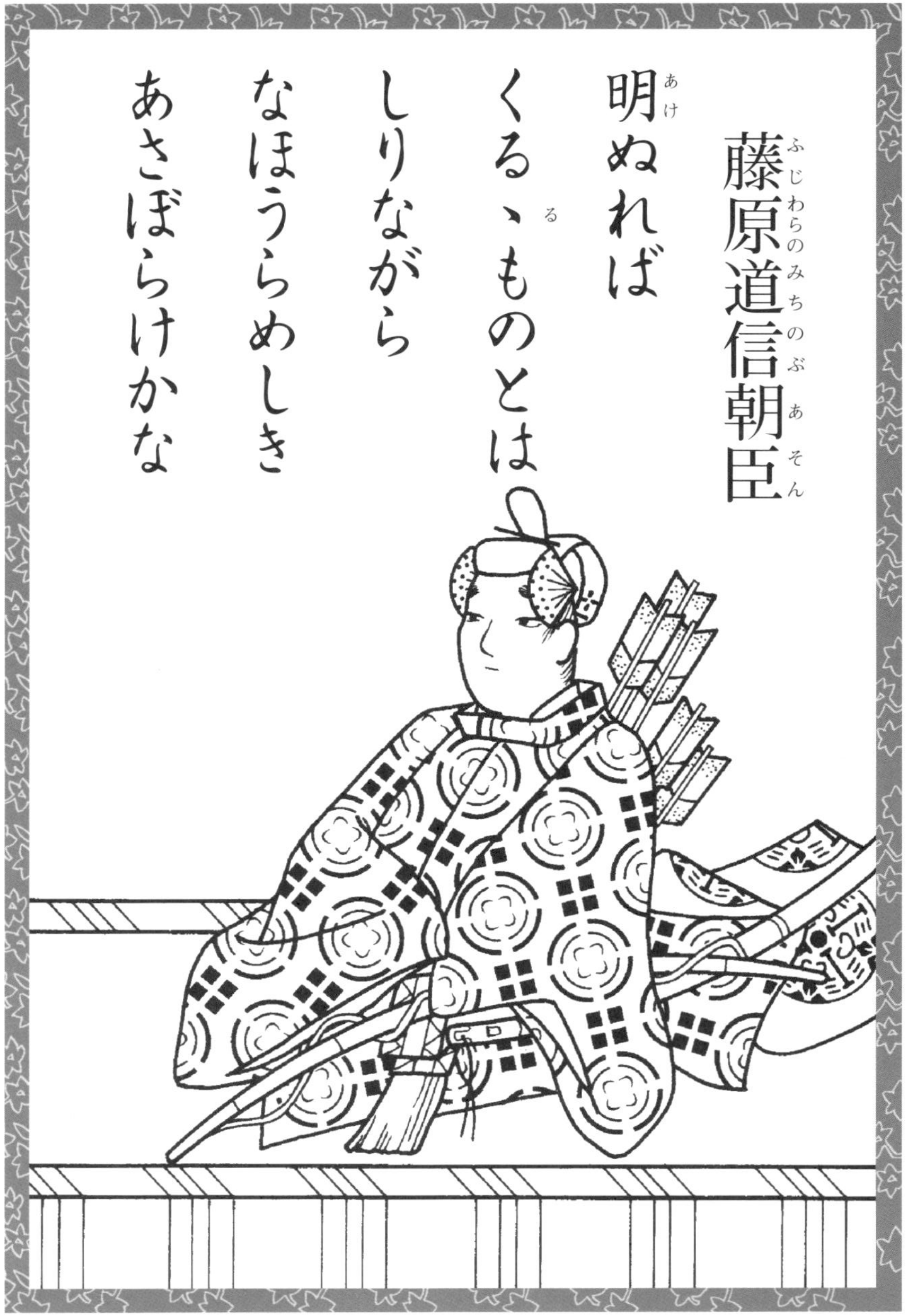
藤原道信朝臣《ふじわらのみちのぶあそん》
明《あけ》ぬれば
くるゝ《る》ものとは
しりながら
なほうらめしき
あさぼらけかな

⑤2 藤原道信朝臣

㊸右大将道綱母

右大将道綱母《うだいしょうみちつなのはは》

歎《なげき》つゝ《つ》
ひとりぬるよの
明《あく》るまは
いかに久《ひさ》しき
ものとかはしる

㊹儀同三司母

儀同三司母《ぎどうさんしのはは》

わすれじの
行末迄《ゆくすゑまで》は
かたければ
けふをかぎりの
命《いのち》ともがな

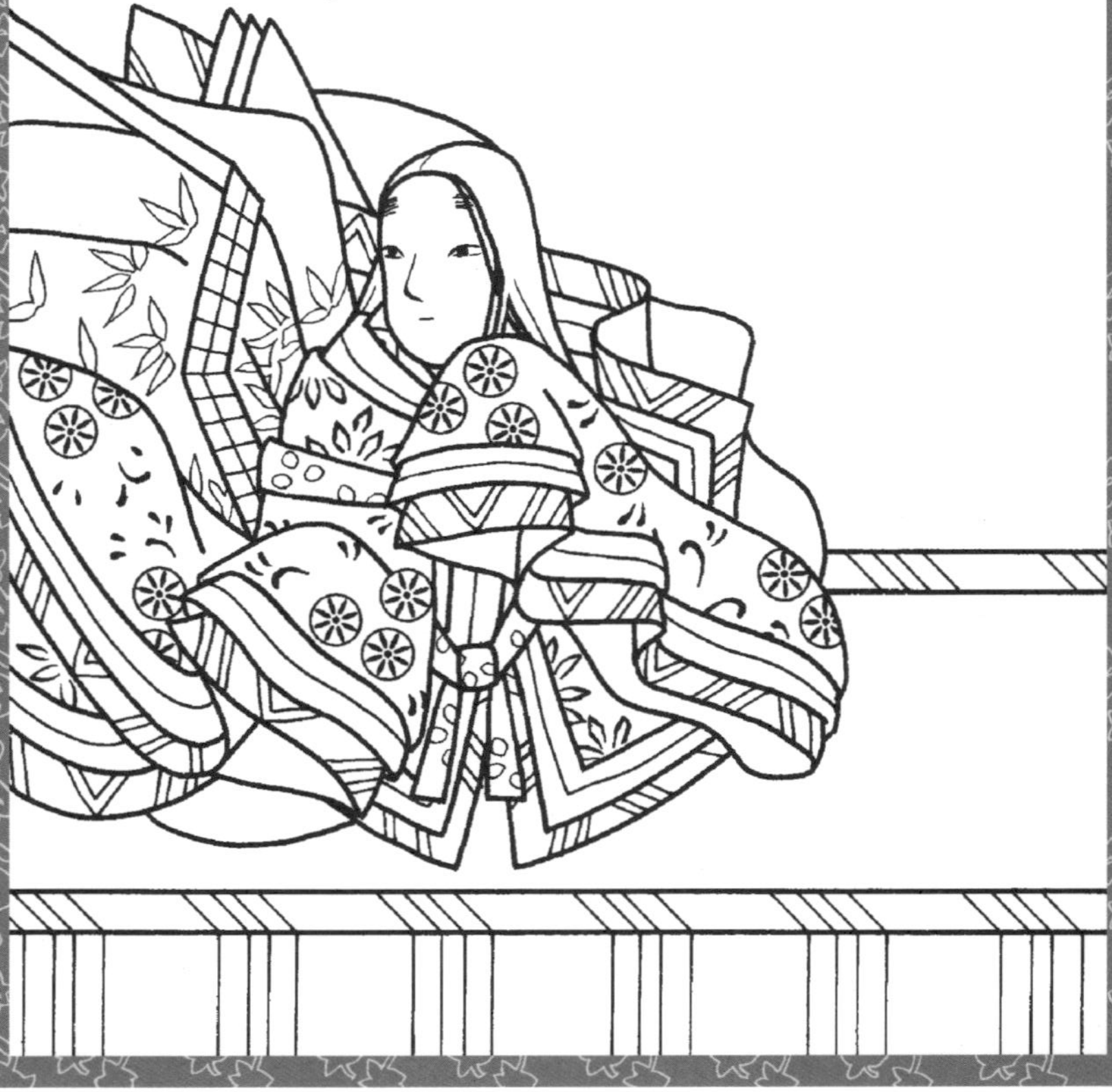

⑤⑤大納言公任

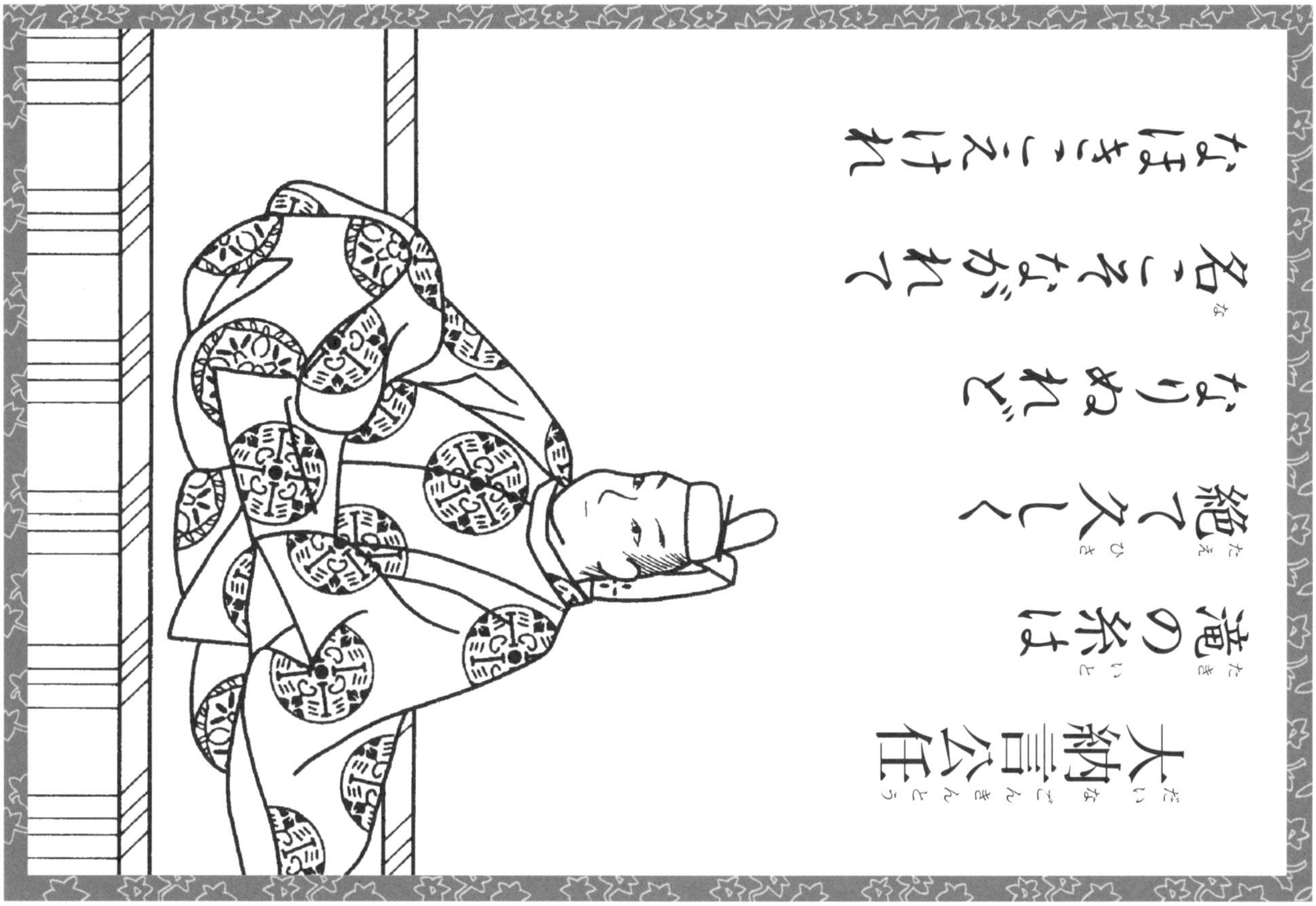
大納言公任《だいなごんきんとう》
滝《たき》の糸《いと》は
絶《た》えて久《ひさ》しく
なりぬれど
名《な》こそながれて
なほきこえけれ

⑤⑥和泉式部

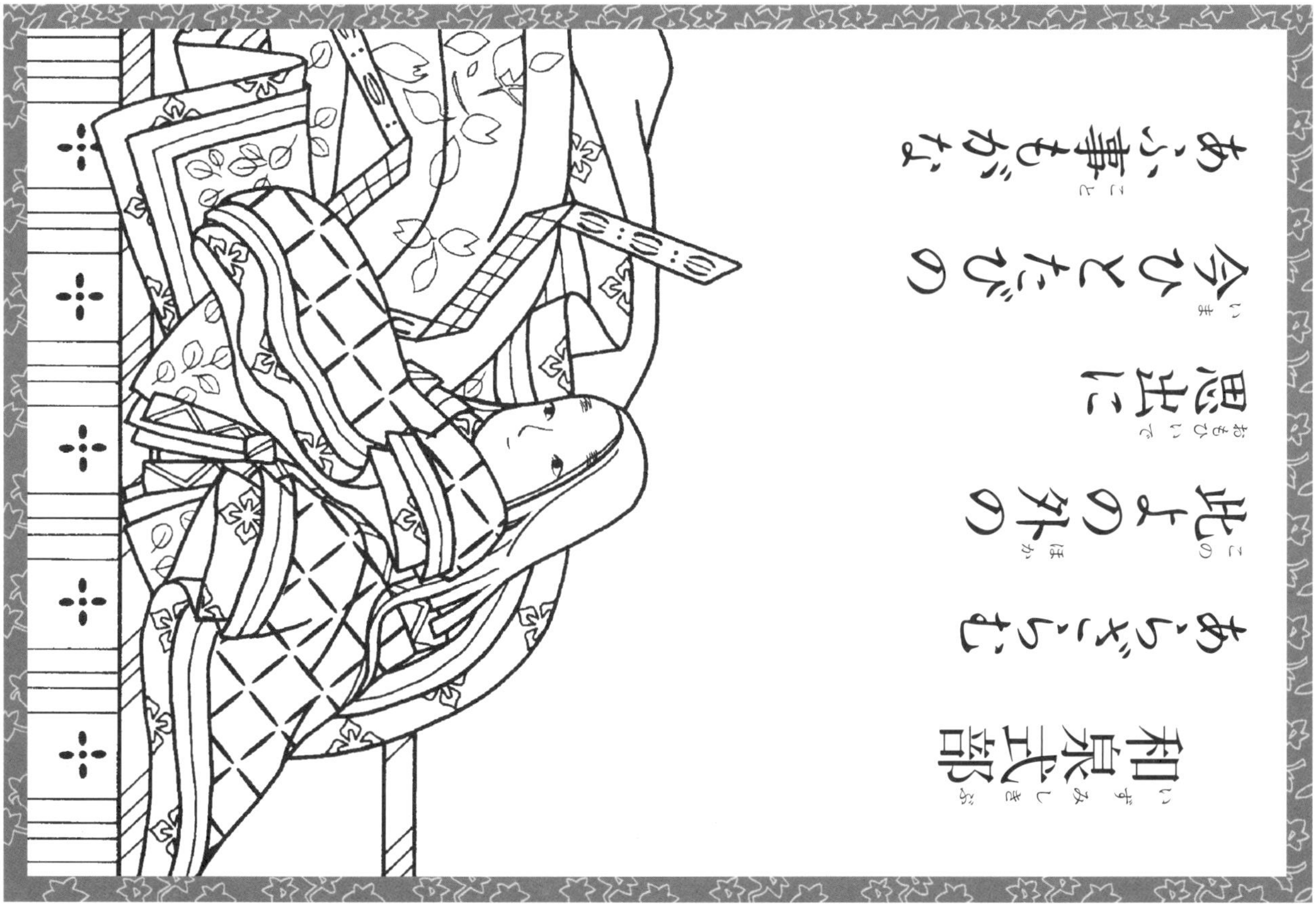
和泉式部《いずみしきぶ》
あらざらむ
此《この》よの外《ほか》の
思出《おもいで》に
今《いま》ひとたびの
あふ事《こと》もがな

57 紫式部

紫式部《むらさきしきぶ》

めぐり逢《あひ》て
見《み》しやそれ共《とも》
分《わか》ぬまに
雲《くも》がくれにし
夜半《よは》の月影《つきかげ》

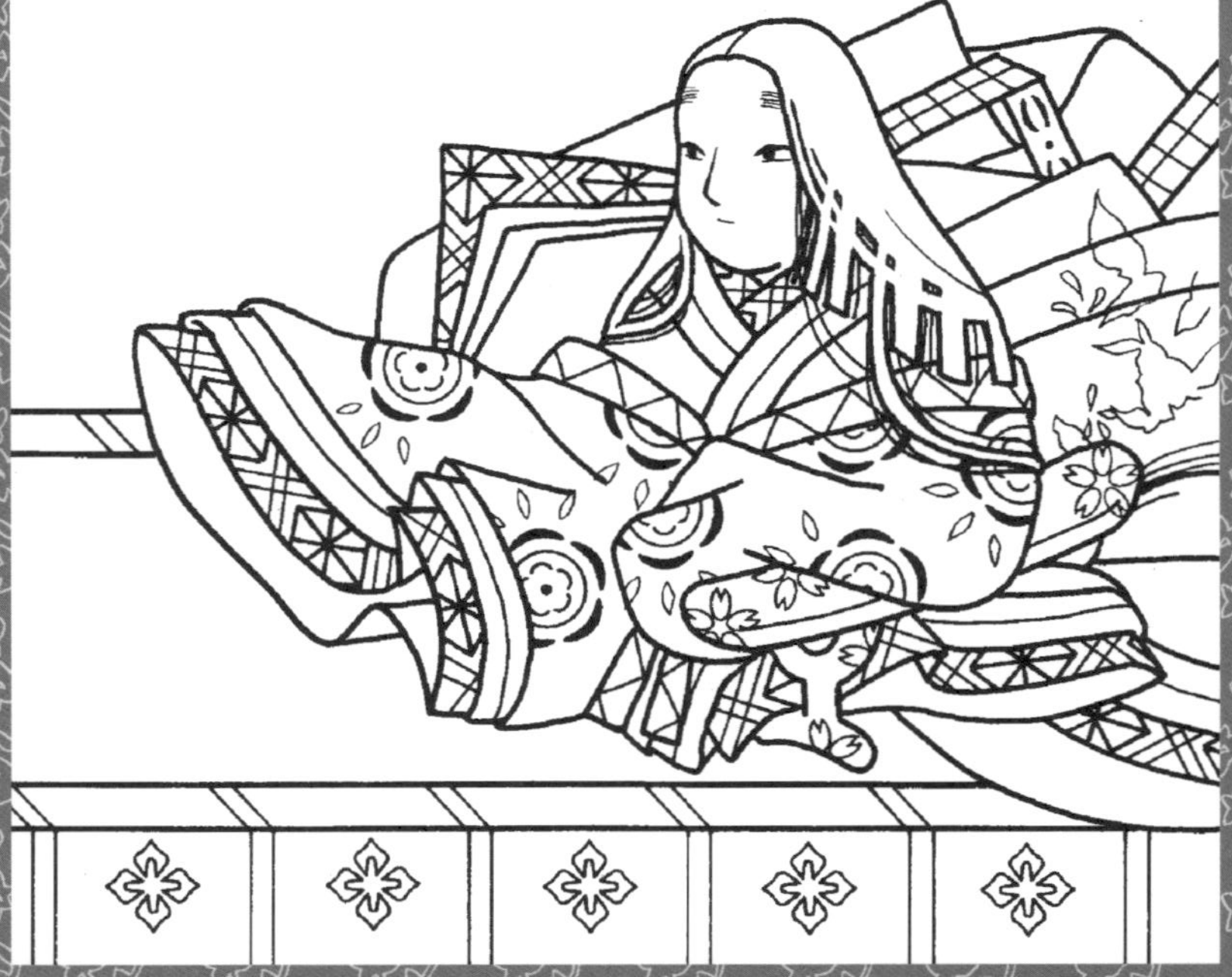

58 大弐三位

大弐三位《だいにのさんみ》

ありま山《やま》
ゐなの篠原《ささはら》
風吹《かぜふけ》ば
いでそよ人《ひと》を
わすれやはする

59 赤染衛門

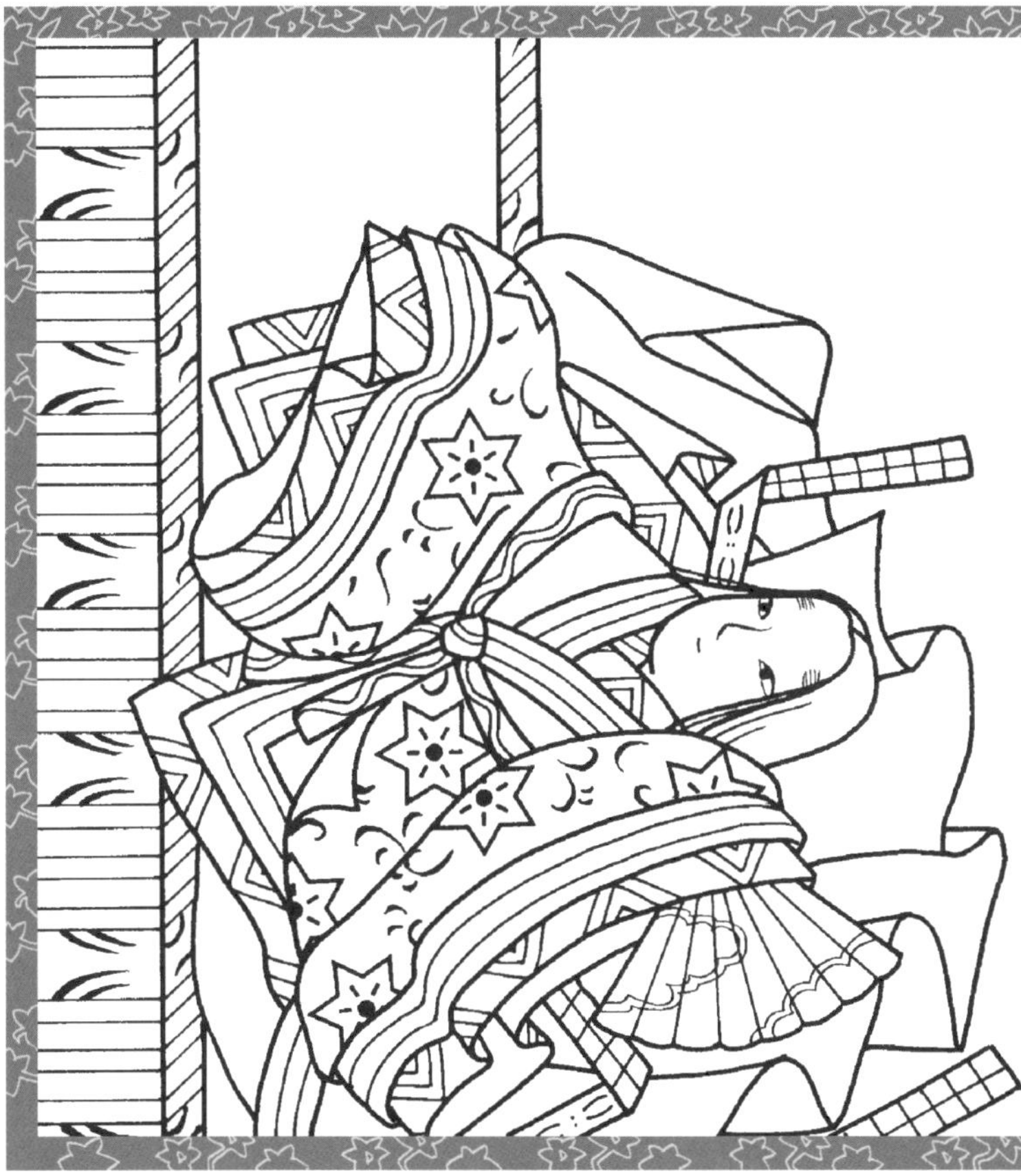

赤染衛門《あかぞめえもん》

やすらはで
ねなまし物《もの》を
さよ更《ふ》けて
かたぶくまでの
月《つき》を見《み》しかな

60 小式部内侍

小式部内侍《こしきぶのないし》

大江山《おほえやま》
いくの、道《みち》の
とほければ
まだふみもみず
天《あま》のはしだて

⑥1伊勢大輔

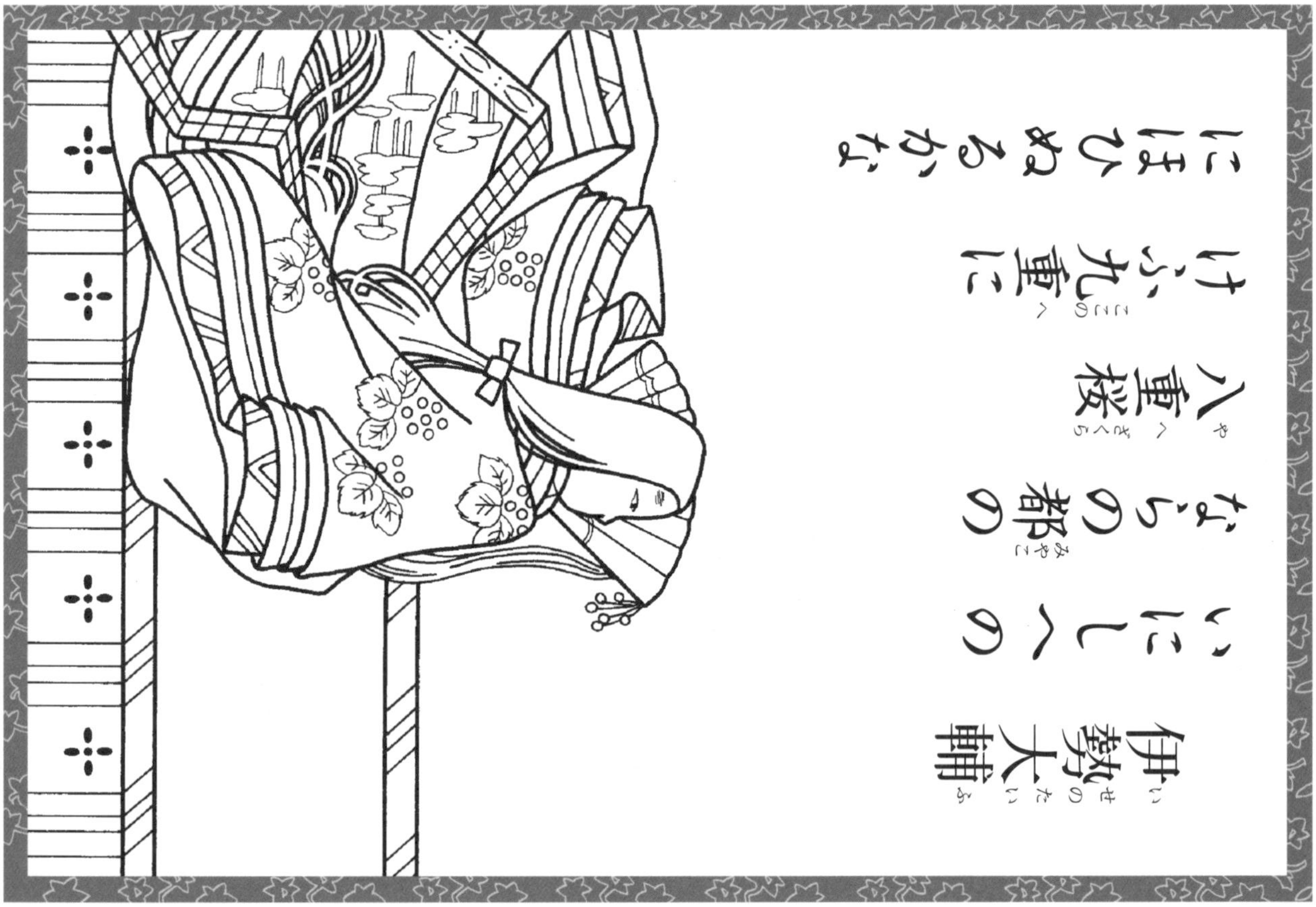
伊勢大輔《いせのたいふ》
いにしへの
ならの都《みやこ》の
八重桜《やへざくら》
けふ九重《ここのへ》に
にほひぬるかな

⑥2清少納言

清少納言《せいしょうなごん》
よをこめて
鳥《とり》の空音《そらね》は
はかる共《とも》
よにあふさかの
関《せき》はゆるさじ

63 左京大夫道雅

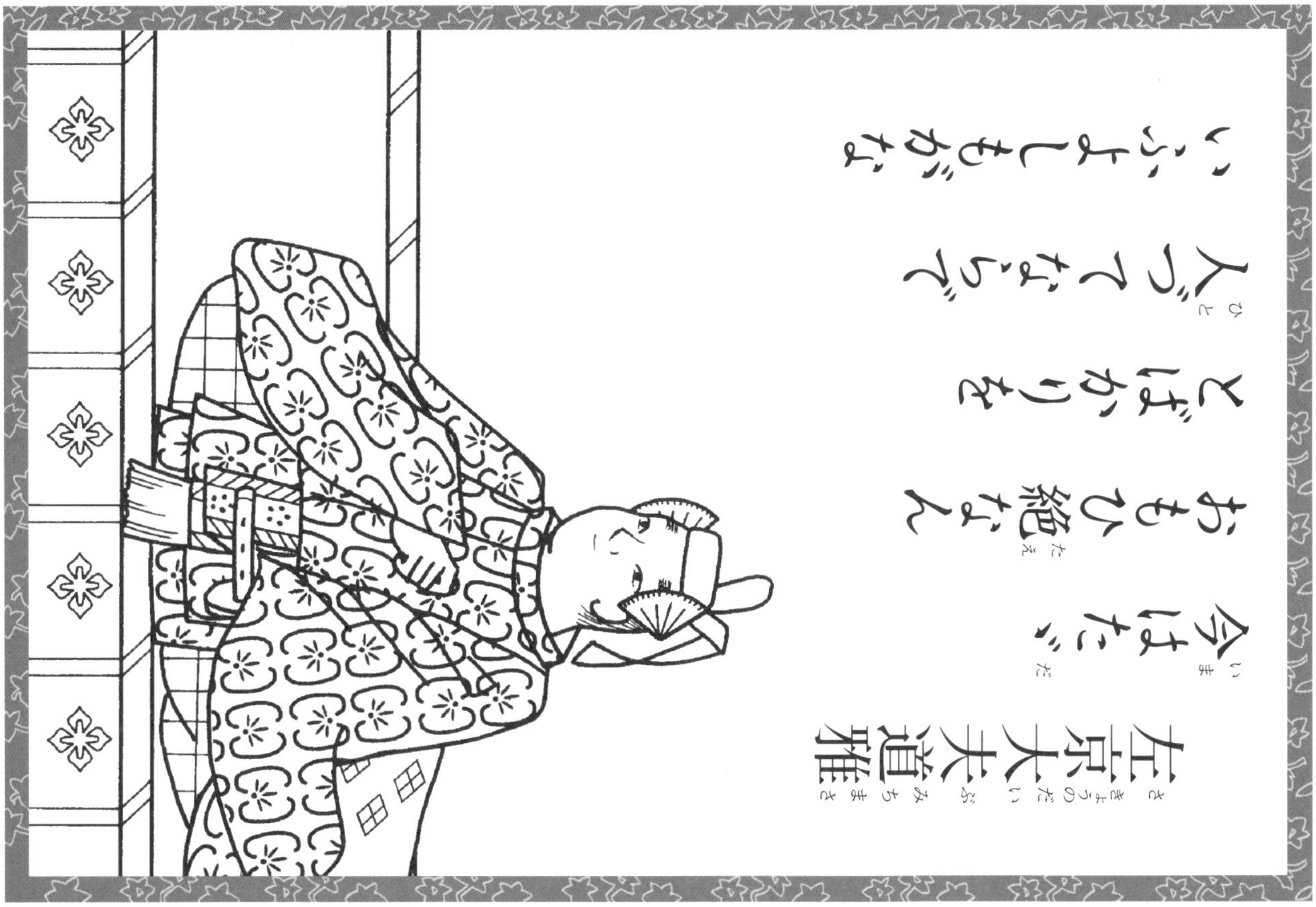

64 権中納言定頼

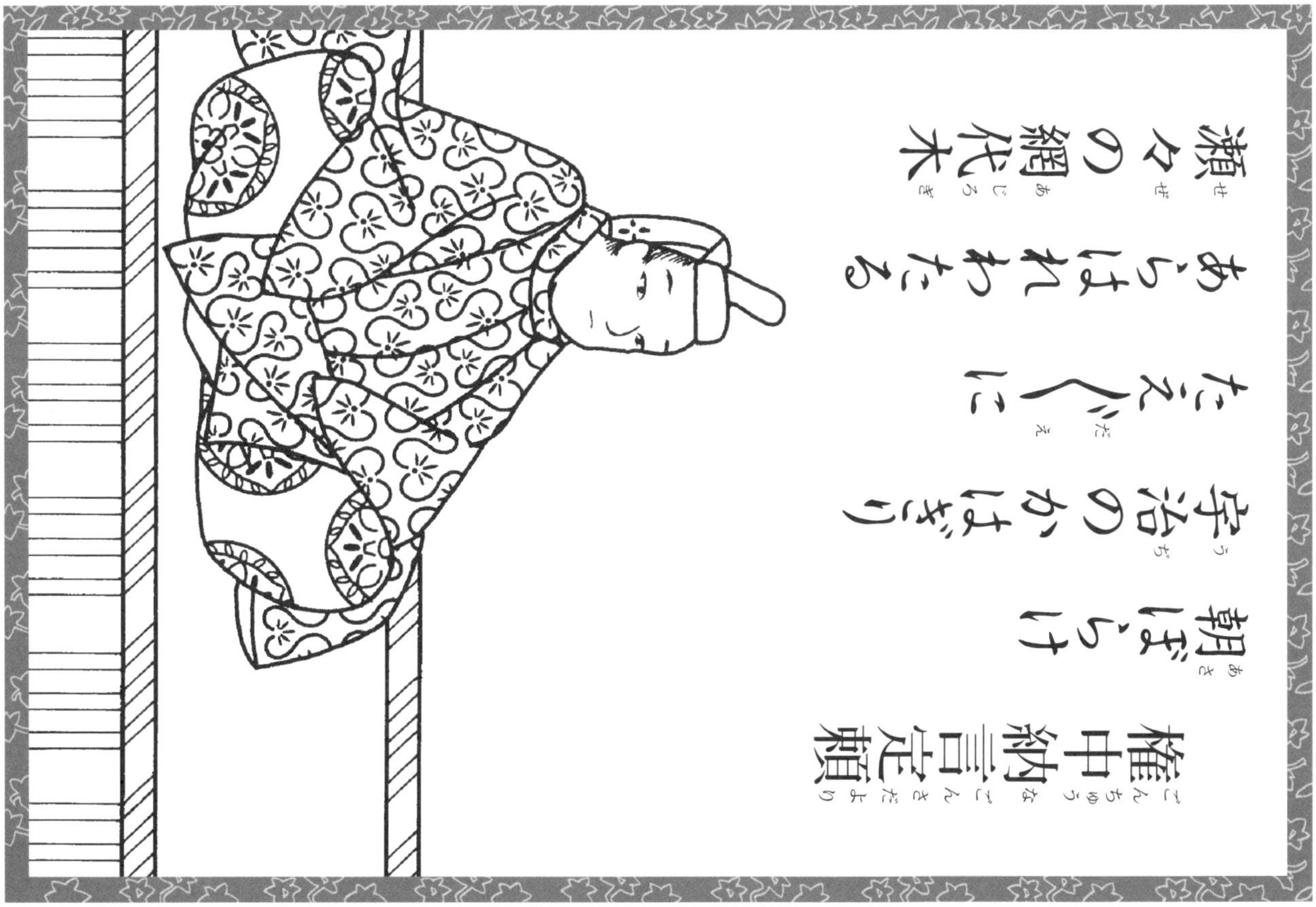

⑥⑤相模

相模《さがみ》

恨《うら》みわび
ほさぬ袖《そで》だに
ある物《もの》を
恋《こひ》にくちなん
名《な》こそをしけれ

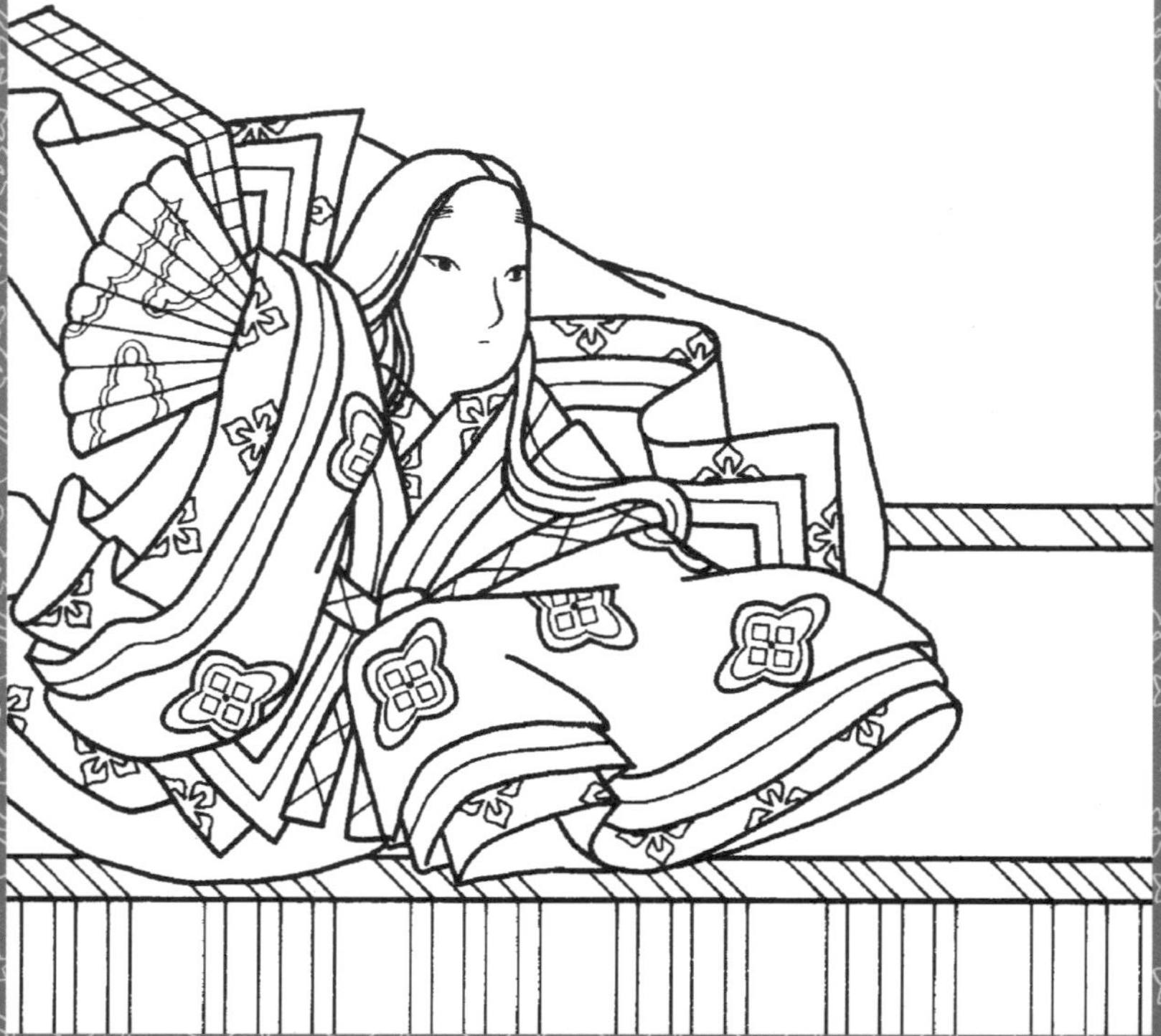

⑥⑥大僧正行尊

大僧正行尊《だいそうじょうぎょうそん》

諸共《もろとも》に
哀《あはれ》と思《おも》へ
山桜《やまざくら》
花《はな》より外《ほか》に
知人《しるひと》もなし

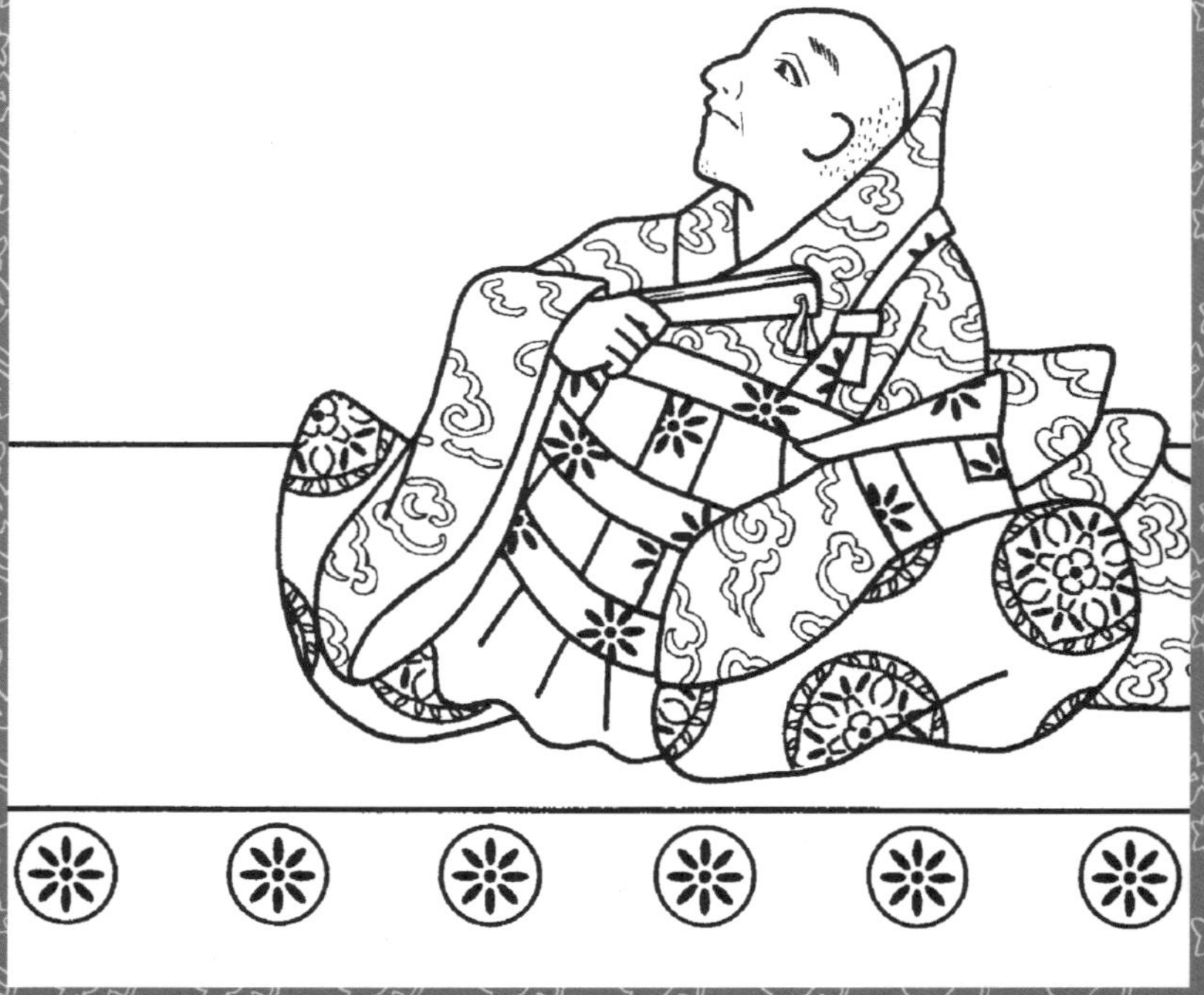

周防内侍《すおうのないし》

春《はる》のよの
夢《ゆめ》ばかりなる
手枕《たまくら》に
かひなくたゝ《た》む
名《な》こそ惜《をし》けれ

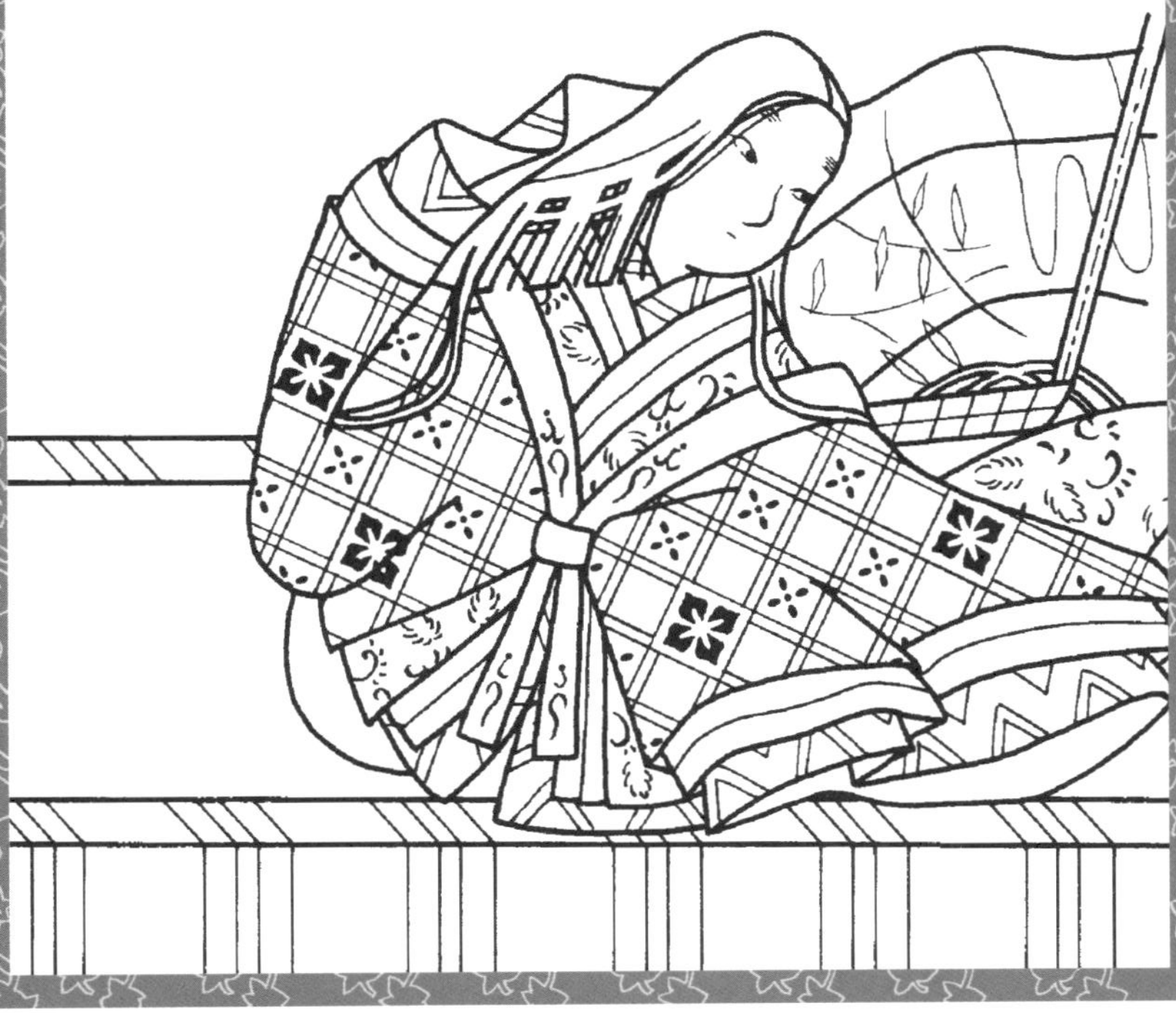

⑥⑦周防内侍

三条院《さんじょうのいん》

心《こころ》にも
あらで此世《このよ》に
ながらへば
こひしかるべき
よはの月《つき》かな

⑥⑧三条院

⑲能因法師

能因法師《のういんほうし》

あらし吹《ふく》
三室《みむろ》の山《やま》の
もみぢば《は》、
竜田《たつた》の川《かは》の
にしきなりけり

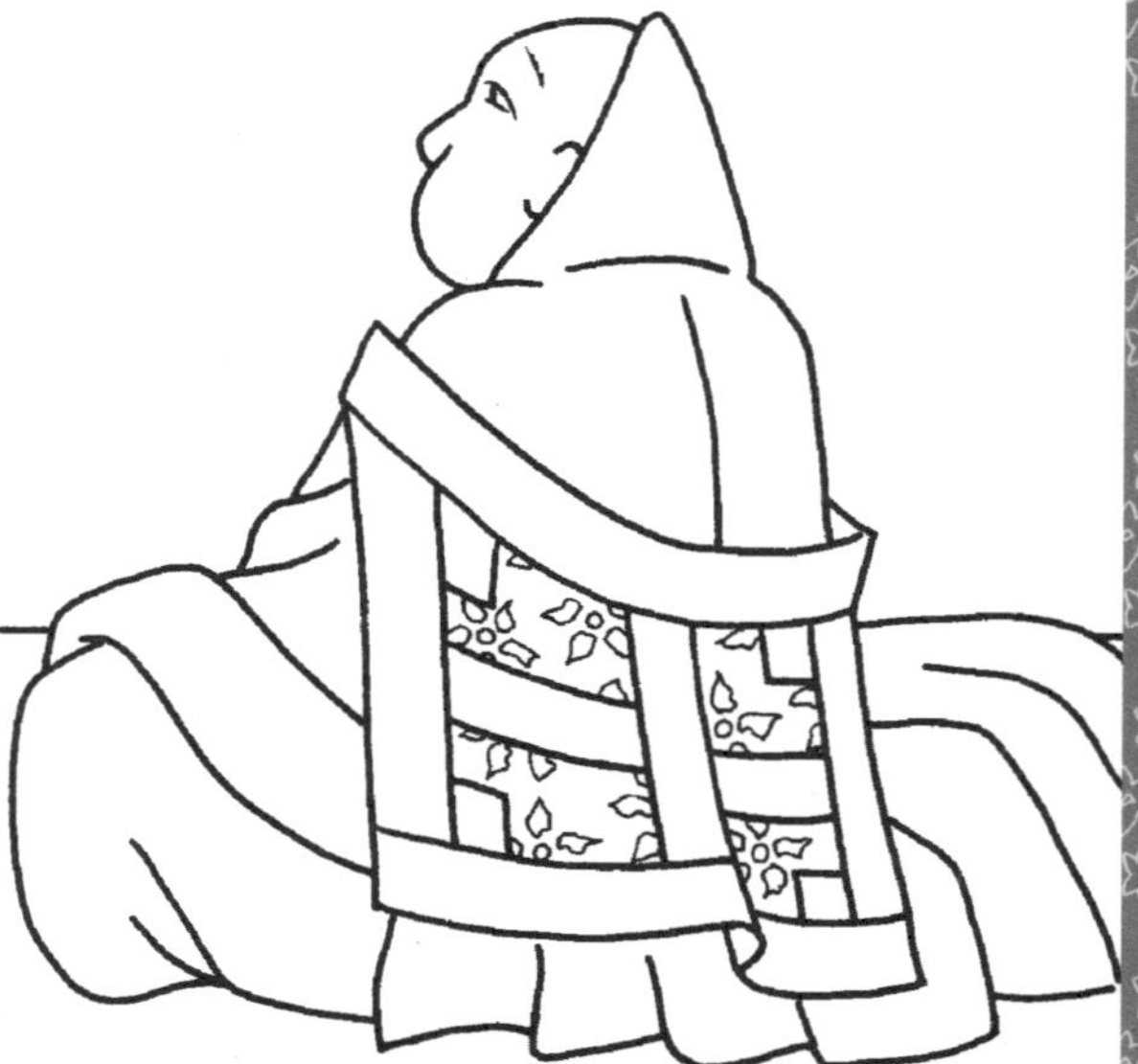

⑳良暹法師

良暹法師《りょうぜんほうし》

さびしさに
宿《やど》を立出《たちいで》て
詠《なが》むれば
いづくもおなじ
あきのゆふぐれ

大納言経信《だいなごんつねのぶ》
夕《ゆふ》されば
門田《かどた》の稲葉《いなば》
おとづれて
あしのまろやに
秋風《あきかぜ》ぞ吹《ふく》

⑦①大納言経信

祐子内親王家紀伊《ゆうしないしんのうけのきい》
音《おと》にきく
たかしの浜《はま》の
あだ波《なみ》は
かけじや袖《そで》の
ぬれもこそすれ

⑦②祐子内親王家紀伊

⑦③前中納言匡房

前中納言匡房《さきのちゅうなごんまさふさ》

高砂《たかさご》の
尾上《をのへ》の桜《さくら》
さきにけり
とやまの霞《かすみ》
たゝ《た》ずもあらなん

⑦④源俊頼朝臣

源俊頼朝臣《みなもとのとしよりあそん》

うかりける
人《ひと》をはつせの
山下風《やまおろし》
はげしかれとは
いのらぬ物《もの》を

⑦⑤藤原基俊

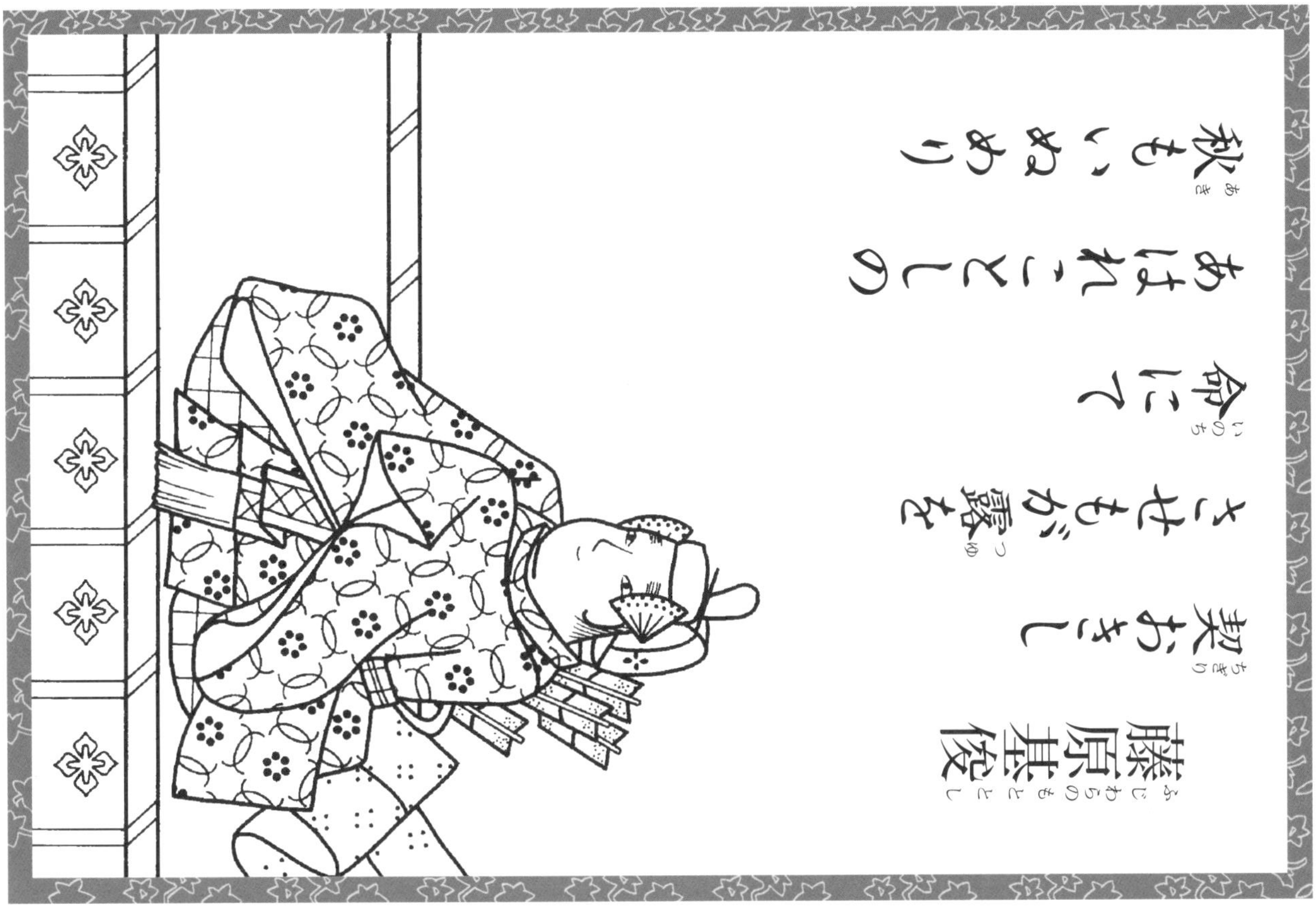
藤原基俊《ふじわらのもととし》
契《ちぎり》おきし
させもが露《つゆ》を
命《いのち》にて
あはれことしの
秋《あき》もいぬめり

⑦⑥法性寺入道前関白太政大臣

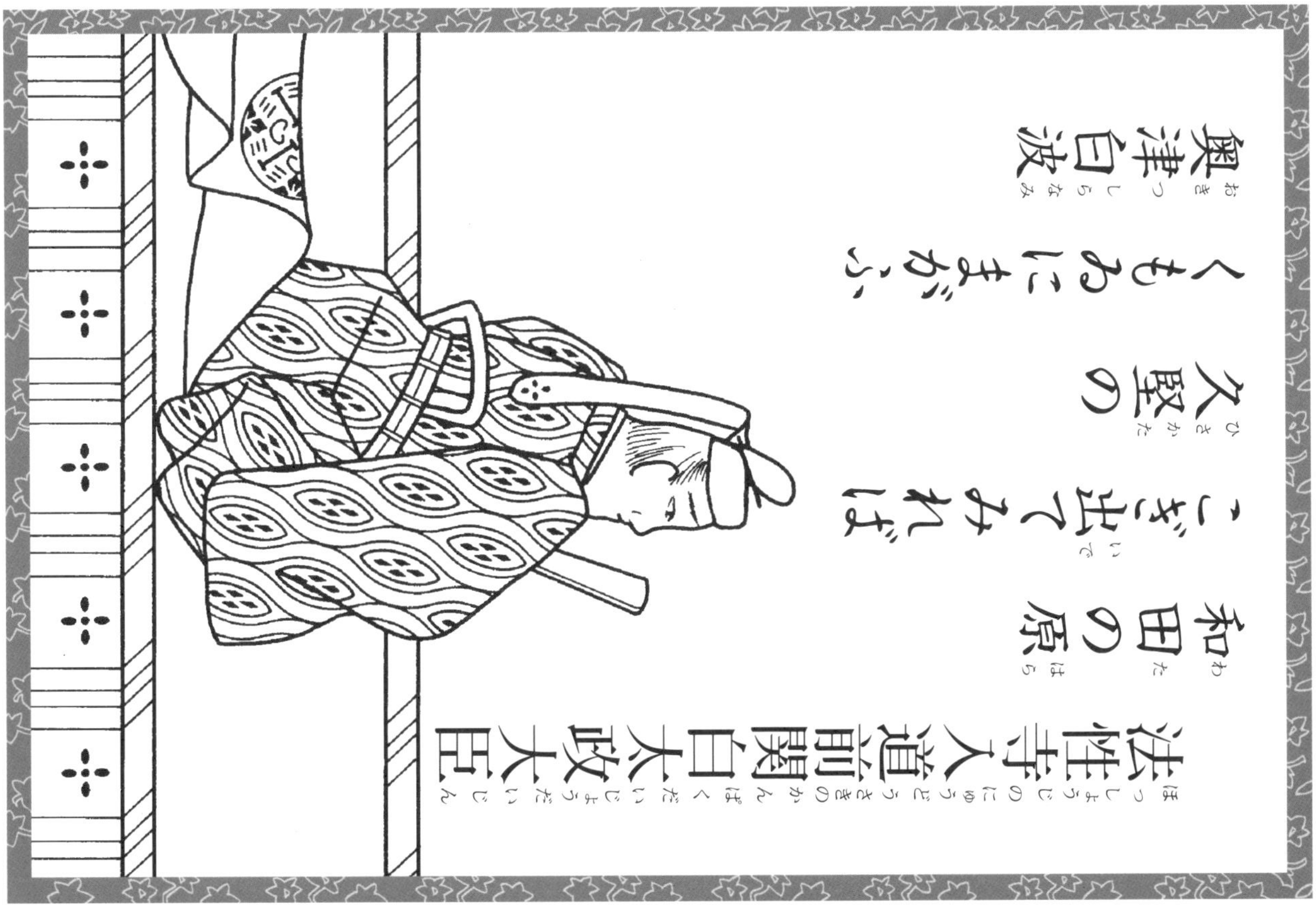
法性寺入道前関白太政大臣《ほっしょうじのにゅうどうさきのかんぱくだいじょうだいじん》
和《わ》田《た》の原《はら》
こぎ出《いで》てみれば
久《ひさ》堅《かた》の
くもゐにまがふ
奥《おき》津《つ》白《しら》波《なみ》

⑦崇徳院

崇徳院《すとくいん》

瀬《せ》をはやみ
岩《いは》にせかるゝ《る》
滝川《たきがは》の
われてもすゑに
あはむとぞおもふ

⑱源兼昌

源兼昌《みなもとのかねまさ》

淡路嶋《あはぢしま》
かよふ千鳥《ちどり》の
なく声《こゑ》に
幾夜《いくよ》ね覚《ざめ》ぬ
すまの関守《せきもり》

左京大夫顕輔《さきょうのだいぶあきすけ》

秋風《あきかぜ》に
たなびく雲《くも》の
たえまより
もれいづる月《つき》の
かげのさやけさ

⑲左京大夫顕輔

待賢門院堀河《たいけんもんいんほりかわ》

長《なが》からむ
心《こころ》もしらず
くろかみの
みだれてけさは
物《もの》をこそ思《おも》へ

⑳待賢門院堀河

81後徳大寺左大臣

後徳大寺左大臣《ごとくだいじのさだいじん》
郭公《ほととぎす》
なきつるかたを
ながむれば
たゞ《だ》ありあけの
月《つき》ぞのこれる

82道因法師

道因法師《どういんほうし》
思《おも》ひわび
扱《さて》もいのちは
ある物《もの》を
うきにたへぬは
なみだなりけり

皇太后宮大夫俊成《こうたいこうぐうのだいぶしゅんぜい》
世中《よのなか》よ
みちこそなけれ
おもひ入《いる》
やまのおくにも
鹿《しか》ぞなくなる

⑧③皇太后宮大夫俊成

藤原清輔朝臣《ふじわらのきよすけあそん》
ながらへば
又此比《またこのごろ》や
しのばれん
うしと見《み》しよぞ
いまは恋《こひ》しき

⑧④藤原清輔朝臣

㊽85俊恵法師

俊恵法師《しゅんえほうし》

よもすがら
物思《ものおも》ふ比《ころ》は
明《あけ》やらぬ
閨《ねや》のひまさへ
つれなかりけり

㊽86西行法師

西行法師《さいぎょうほうし》

歎《なげ》けとて
月《つき》やは物《もの》を
おもはする
かこちがほなる
わがなみだかな

寂蓮法師《じゃくれんほうし》

村雨《むらさめ》の
露《つゆ》もまだひぬ
まきのはに
霧《きり》たちのぼる
あきのゆふぐれ

⑧⑦寂蓮法師

皇嘉門院別当《こうがもんいんのべっとう》

難波江《なにはえ》の
あしのかりねの
一《ひと》よゆゑ
身《み》をつくしてや
恋《こひ》わたるべき

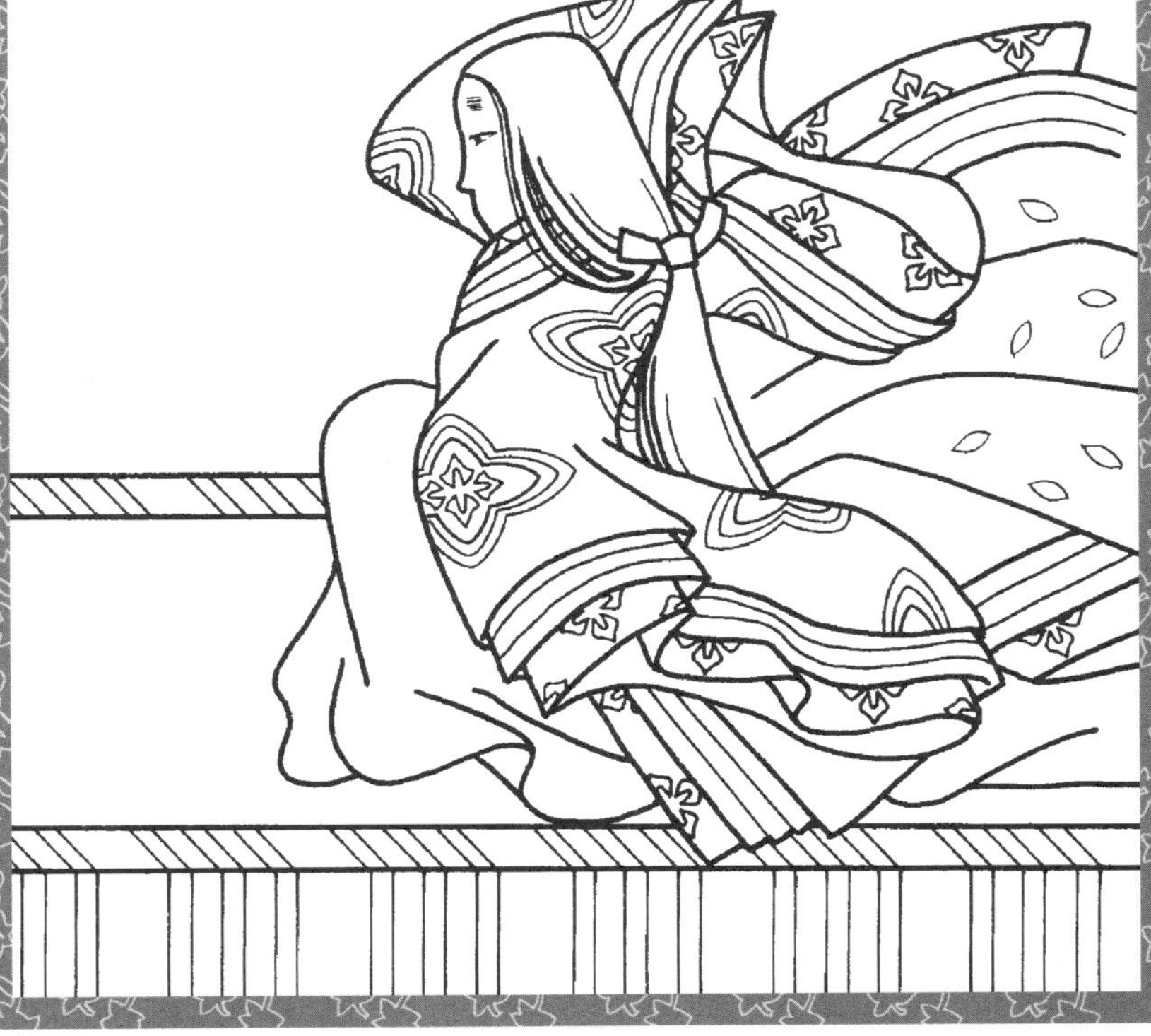

⑧⑧皇嘉門院別当

⑧⑨式子内親王

式子内親王《しょくしないしんのう》

玉《たま》のをよ
絶《たえ》なば絶《たえ》ね
ながらへば
忍《しの》ぶることの
よわりもぞする

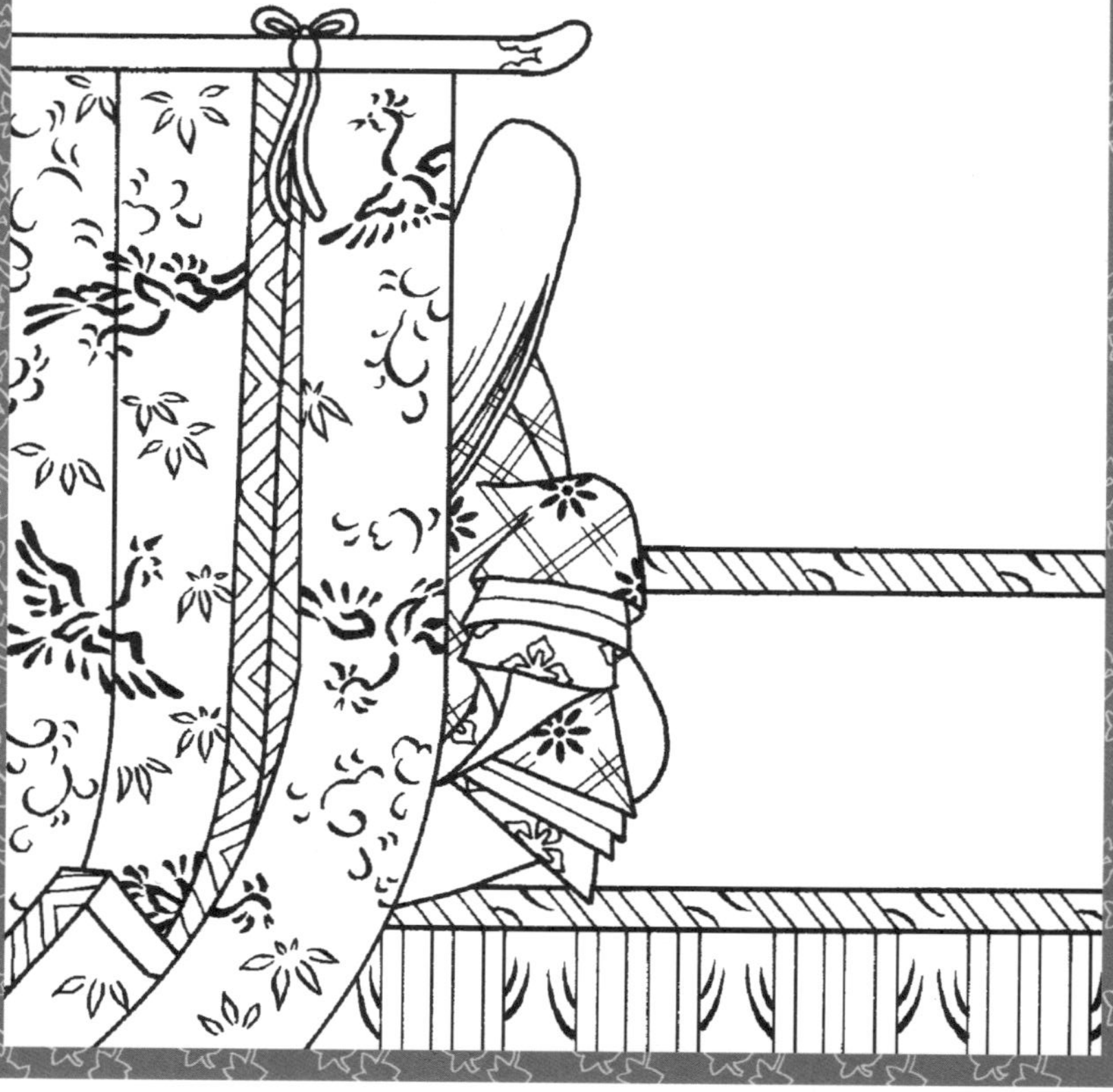

⑨⓪殷富門院大輔

殷富門院大輔《いんぷもんいんのたいふ》

見《み》せばやな
をじまの蜑《あま》の
袖《そで》だにも
ぬれにぞぬれし
色《いろ》はかはらず

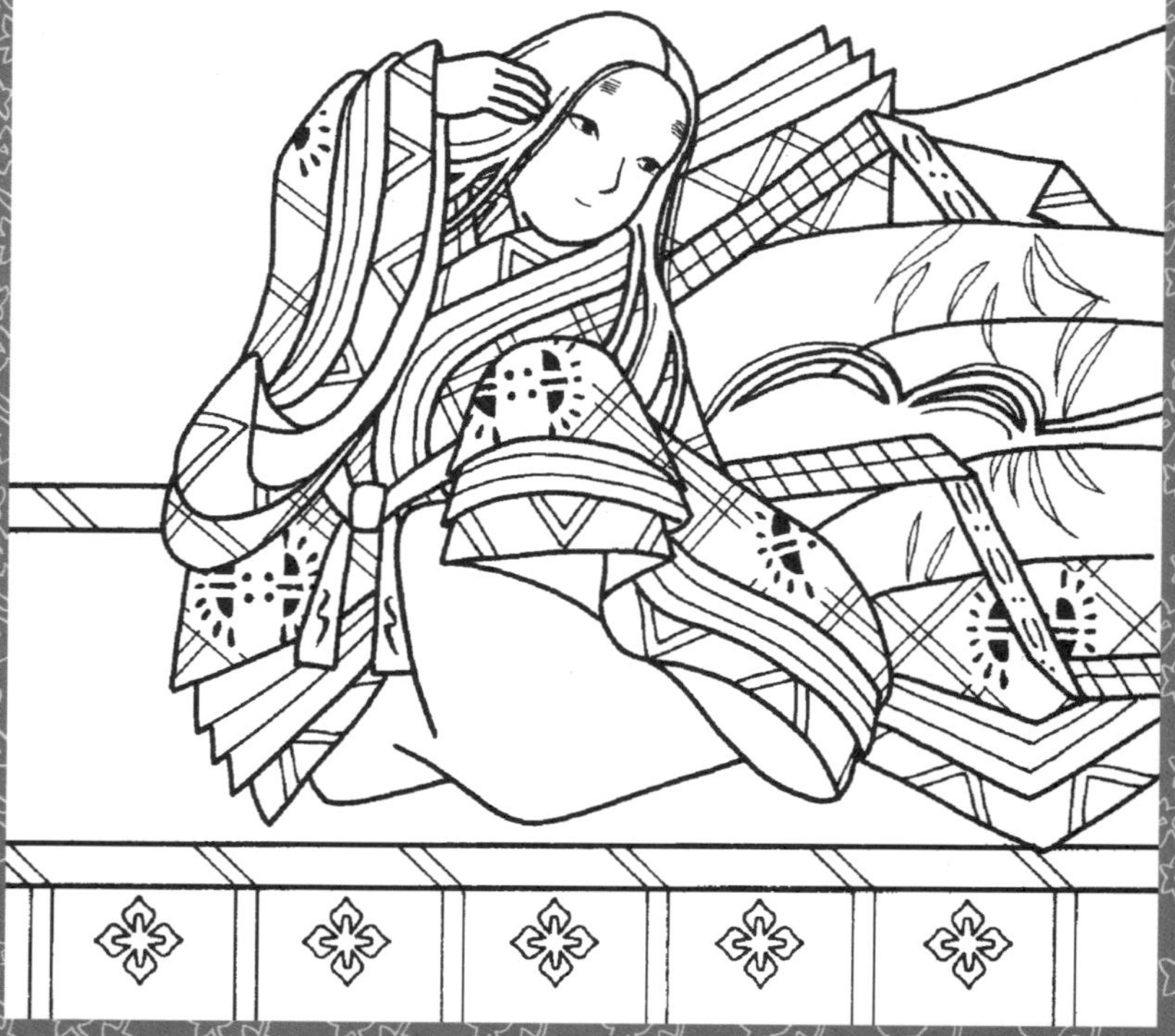

後京極摂政太政大臣《ごきょうごくせっしょうだいじょうだいじん》

きり〴〵《ぎり》す
なくや霜夜《しもよ》の
さ莚《むしろ》に
衣《ころも》かたしき
ひとりかもねん

⑨①後京極摂政太政大臣

二条院讃岐《にじょういんのさぬき》

我袖《わがそで》は
しほひに見《み》えぬ
おきの石《いし》の
人《ひと》こそしらね
かわくまもなし

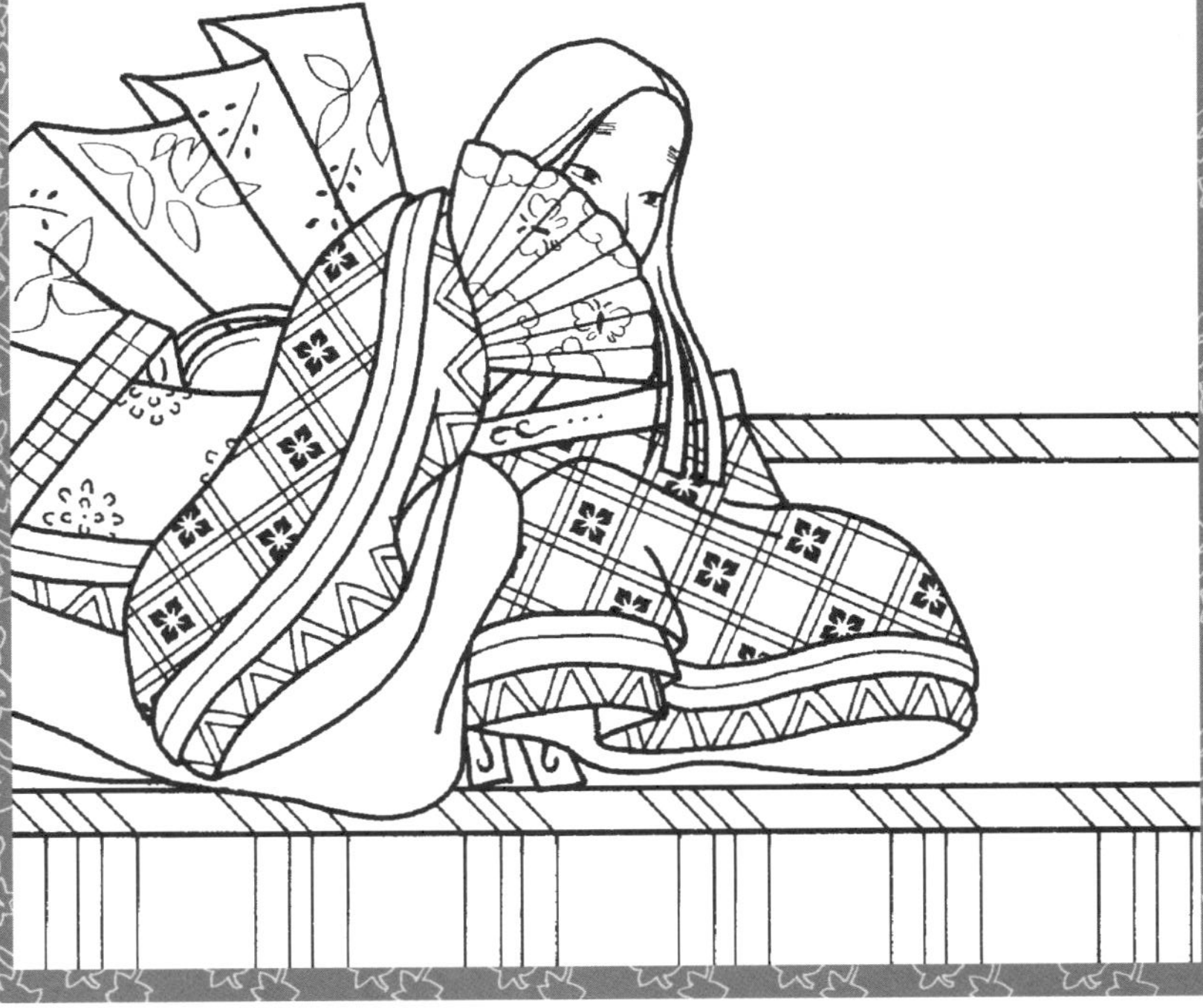

⑨②二条院讃岐

⑨③鎌倉右大臣

鎌倉右大臣《かまくらのうだいじん》

世中《よのなか》は
つねにもがもな
なぎさ漕《こ》ぐ
あまのをぶねの
綱手《つなで》かなしも

⑨④参議雅経

参議雅経《さんぎまさつね》

みよしのゝ《の》
山《やま》の秋風《あきかぜ》
さよふけて
故郷《ふるさと》さむく
ころもうつなり

前大僧正慈円《さきのだいそうじょうじえん》

おほけなく
浮世《うきよ》の民《たみ》に
おほふ哉《かな》
わがたつ杣《そま》に
すみぞめの袖《そで》

入道前大政大臣《にゅうどうさきのだいじょうだいじん》

花《はな》さそふ
あらしの庭《には》の
雪《ゆき》ならで
ふり行《ゆく》ものは
我身《わがみ》なりけり

95 前大僧正慈円

96 入道前大政大臣

⑰権中納言定家

権《ごん》中《ちゅう》納《な》言《ごん》定《てい》家《か》

こぬ人《ひと》を
まつほの浦《うら》の
夕《ゆふ》なぎに
やくやもしほの
身《み》もこがれつゝ《つ》

⑱従二位家隆

従《じゅ》二《に》位《い》家《いえ》隆《たか》

風《かぜ》そよぐ
ならの小《を》川《がは》の
夕暮《ゆふぐれ》は
御《み》祓《そぎ》ぞ夏《なつ》の
しるしなりける

後鳥羽院《ごとばのいん》

人《ひと》もをし
人《ひと》も恨《うら》めし
あぢきなく
よをおもふゆゑに
物思《ものおも》ふ身《み》は

⑲後鳥羽院

順徳院《じゅんとくいん》

百敷《ももしき》や
ふるき軒端《のきば》の
しのぶにも
なほあまりある
むかし成《なり》けり

⑳順徳院

ぬりえの楽しみ方 & カルタの作り方

ぬりえの楽しみ方

①8～57ページの絵札を適当な大きさに拡大コピーします。そのままの大きさ(原寸)でコピーでもOKです。

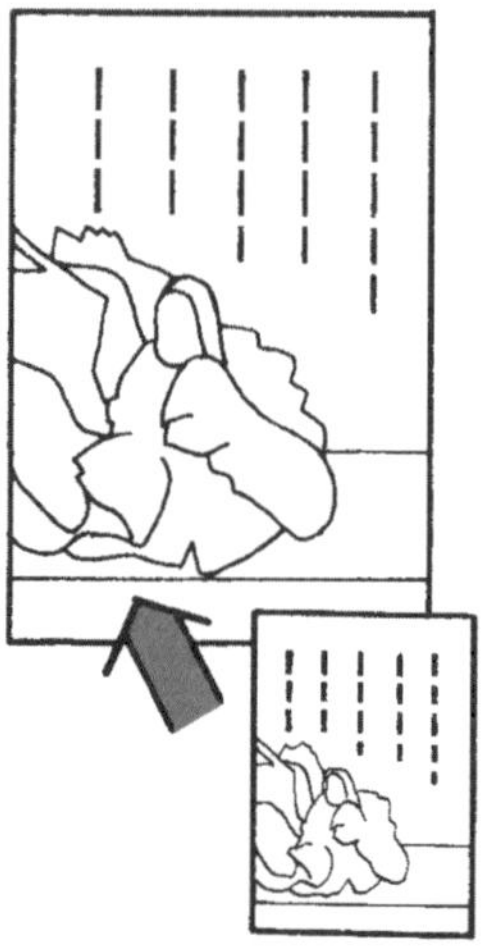

②参加者に配り、色を塗ってもらいます。好きな歌を選んでもらうとよいでしょう。

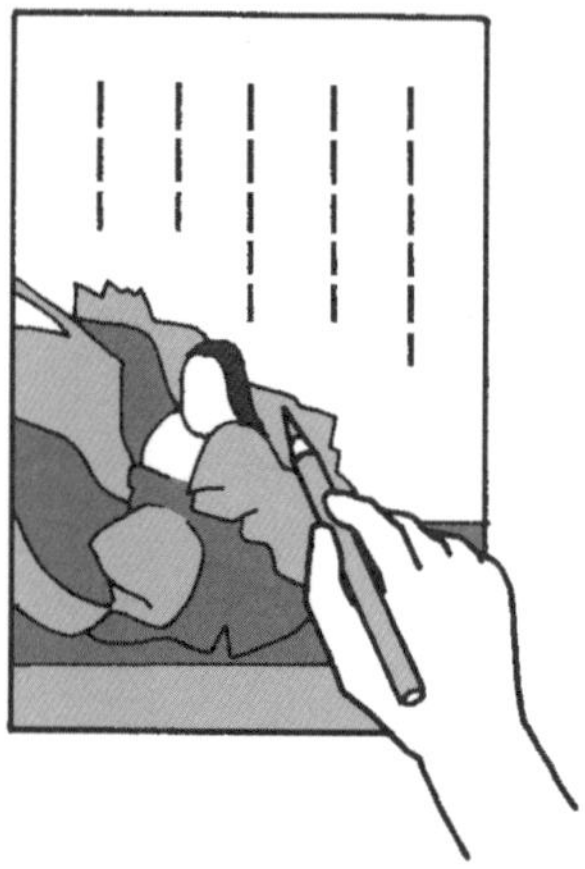

用意するもの

- 色鉛筆・マーカーペン・絵の具・筆など、色を塗るもの。
- カッターナイフ(ハサミ)
- のり(接着剤)
- ボール紙など

※出来上がった作品を展示してもよいでしょう。
額に入れると、より作品らしくなります。

※デイ・サービスのレクリエーションにぴったりです。
好きな色を塗ってもらえば、オリジナルなものができます(市販の百人一首などを参考にしてもよいでしょう)。

カルタの作り方

①絵札をコピーし、色を塗ります。

②ボール紙などにはり合わせます。

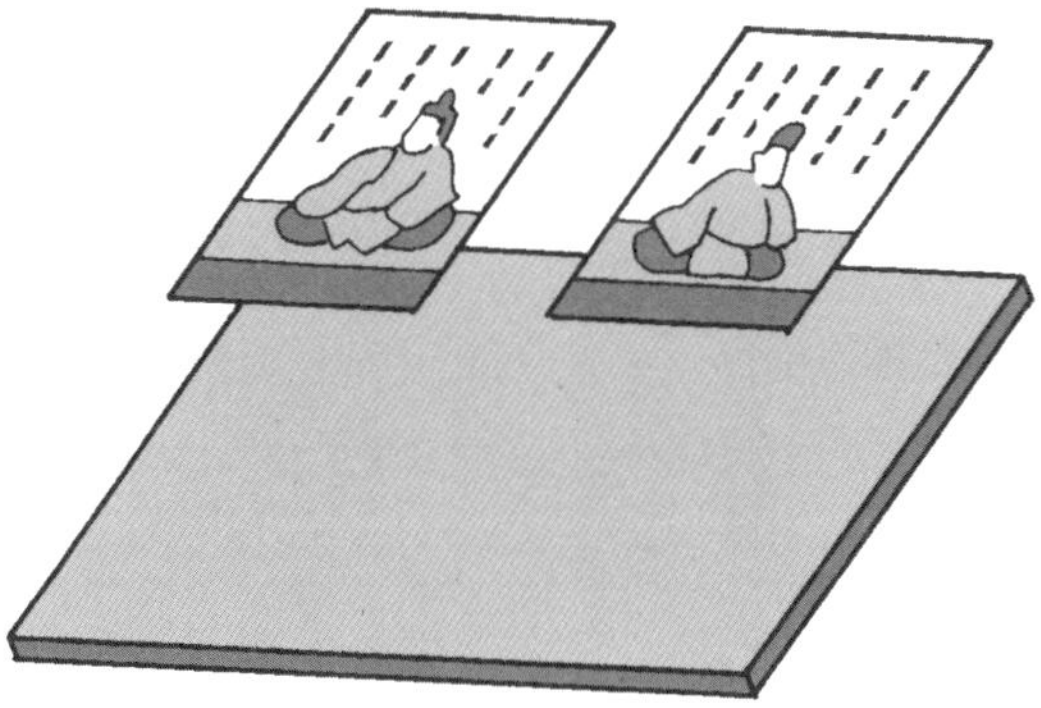

③のりが乾いてから切ります。定規とカッターナイフを使えば、きれいに切れます(介護者が行ないましょう)。

④出来上がり。

※拡大コピーして色を塗った作品をカルタにする場合には、縮小カラーコピーして作ってもよいでしょう。

①拡大コピーして色を塗った作品を、縮小カラーコピーします。

②ボール紙などにはり合わせます。

③出来上がり。

百人一首の字札・絵札用台紙

- 字札を作る場合、このくらいの感じで、下の句の文字を書きます。
- 書道が得意な高齢者の方に書いていただくとか、レクリエーションの一環として皆さんで楽しんでもよいでしょう。
- 左の例では、すべてかな書き（濁音もそのまま）にしています。

5文字
わがころも

5文字
ではつゆに

4文字
ぬれつゝ

たまにはお習字もいいものですね。

•コピーして、字札や絵札の予備などとして使ってください。

姫巡り
おもしろ迷路
百人一首がテーマの
迷路・ゲーム・
なぞなぞコーナー
62～73ページは、百人一首をテーマにした迷路・ゲーム・なぞなぞのコーナーです。
皆さま、この迷路はスタートからゴールまで坊さまをよけて、全部の姫さまを通って、ゴールしておじゃれ。同じ所は二回通ってはならぬぞ。
スタート
忘《わす》らるゝ身《み》をば
思《おも》はずちかひてし
人《ひと》のいのちの
をしくもあるかな

ゴール
諸共《もろとも》に
哀《あはれ》と思《おも》へ
山桜《やまざくら》
花《はな》より外《ほか》に
知人《しるひと》もなし

迷路としてだけでなく、女性の所で止まって女性の歌、僧の所で止まって僧の歌をうたってみるなど、いろいろ工夫してやってみましょう。

歌合わせ 楽しき迷路あそび

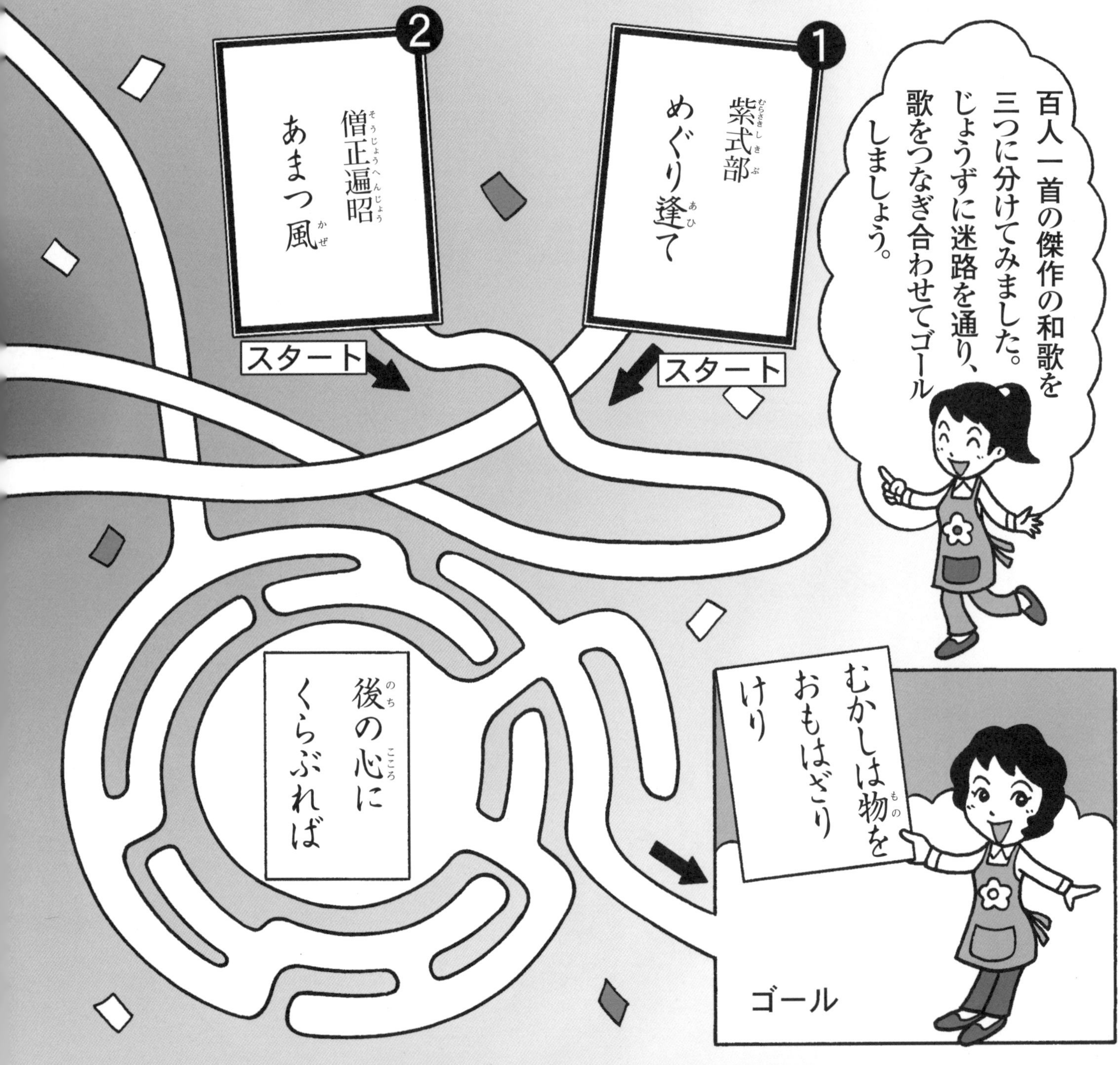
百人一首の傑作の和歌を三つに分けてみました。じょうずに迷路を通り、歌をつなぎ合わせてゴールしましょう。
1
紫式部《むらさきしきぶ》
めぐり逢《あひ》て
2
僧正遍昭《そうじょうへんじょう》
あまつ風《かぜ》
スタート
スタート
後《のち》の心《こころ》に
くらぶれば
むかしは物《もの》を
おもはざり
けり
ゴール

スタート
3
権中納言敦忠《ごんちゅうなごんあつただ》
あひ見《み》ての
見《み》しやそれ共《とも》
分《わか》ぬまに
乙女《をとめ》のすがた
しばし
とゞ《ど》めん
ゴール
雲《くも》の
かよひ路《ぢ》
吹《ふき》とぢよ
雲《くも》がくれにし
夜半《よは》の月影《つきかげ》
ゴール

百人一首 隠れ物捜しゲーム

動物捜し

さて、問題です。やんごとなき百人の方たちが詠んだ和歌の中に、意外な動物などがひっそり隠れています。ヒントを頼りに、うまく捜してください。

藤原基俊《ふじわらのもととし》

契《ちぎり》おきし
させもが
露《つゆ》を命《いのち》にて
あはれことしの
秋《あき》もいぬめり

ヒント

よーく御覧ください。あなたの家にいるかもしれない、ワンワンなくペットが一匹、隠れています。

在原業平《ありわらのなりひらの》朝臣《あそん》

ちはやぶる
神代《かみよ》も
きかず竜田川《たつたがは》
からくれなゐに
水《みづ》くゞ《ぐ》るとは

ヒント

同じワンワンなく仲間でも、ちょっと怖い顔のワンくんが隠れています。

小動物捜し

蝉丸《せみまる》
これやこの
行《ゆく》も帰《かへ》るも
別《わか》れては
しるもしらぬも
相坂《あふさか》の関《せき》

ヒント
春のたんぼのあちこちで、ゲコゲコないていますよ。

ヒント
ナノハナやチューリップに、ヒラヒラ飛んできて蜜を吸っている、かわいい昆虫です。

持統天皇《じとうてんのう》
春《はる》すぎて夏来《なつき》にけらし
白妙《しろたへ》のころも
ほすてふ
あまの
かぐ山《やま》

鳥捜し

ヒント
おそば屋さんのメニューで有名な、おいしい鳥の肉です。「山鳥」ではありません。

柿本人丸《かきのもとのひとまる》
足引《あしびき》の
山鳥《やまどり》の尾《お》の
しだりをの
ながながし夜《よ》を
ひとりかもねん

ヒント
昔からカメくんと並んで長生きのチャンピオンになっている、おめでたい鳥です。

陽成院《ようぜいいん》
つくばねの
峰《みね》より落《おつ》る
みなの川《がは》
こひぞつもりて
淵《ふち》となりぬる

迷路・ゲームの答え

62・63ページ『姫巡りおもしろ迷路』

姫巡り
おもしろ迷路
百人一首がテーマの迷路・ゲーム・なぞなぞコーナー
62～73ページは、百人一首をテーマにした迷路・ゲーム・なぞなぞのコーナーです。
皆さま、この迷路はスタートからゴールまで坊さまをよけて、全部の姫さまを通って、ゴールしておじゃれ。同じ所は二回通ってはならぬぞ。
ゴール
スタート
忘らるゝ身をば思はずちかひてし人のいのちのをしくもあるかな
諸共に哀と思へ山桜花より外に知人もなし
迷路としてだけでなく、女性の所で止まって女性の歌、僧の所で止まって僧の歌をうたってみるなど、いろいろ工夫してやってみましょう。
63
62

64・65ページ『歌合わせ楽しき迷路あそび』

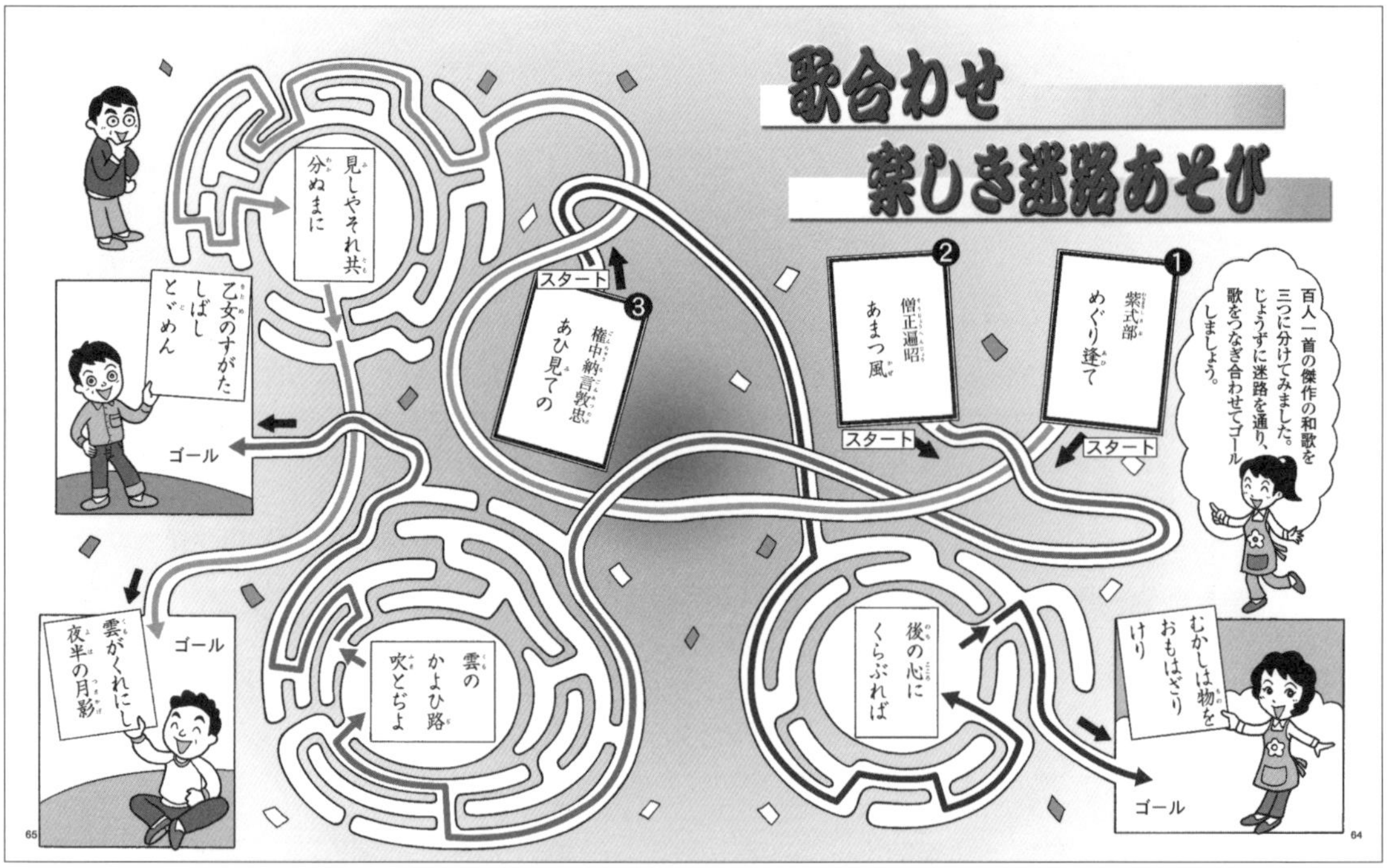

歌合わせ
楽しき迷路あそび
百人一首の傑作の和歌を三つに分けてみました。じょうずに迷路を通り、歌をつなぎ合わせてゴールしましょう。
1 紫式部 めぐり逢て
2 僧正遍昭 あまつ風
3 権中納言敦忠 あひ見ての
スタート
スタート
スタート
見しやそれ共分ぬまに
乙女のすがたしばしとゞめん
雲のかよひ路吹とぢよ
後の心にくらぶれば
むかしは物をおもはざりけり
雲がくれにし夜半の月影
ゴール
ゴール
ゴール
65
64

鳥捜し　67ページ下

陽成院
つくばねの
峰より落る
みなの川
こひぞつもりて
淵となりぬる

「峰より**落る（おつる）**」で**ツル。**

柿本人丸
足引の
山鳥の尾の
しだりをの
ながく〱し夜を
ひとりかもねん

「ひとり**かも**ねん」で**カモ。**

小動物捜し　67ページ上

持統天皇
春すぎて夏来にけらし
白妙のころも
ほすてふ
あまの
かぐ山

「ころもほす**てふ（ちょう）**」で**チョウチョウ。**

蟬丸
これやこの
行も帰るも
別れては
しるもしらぬも
相坂の関

「行も**帰るも**」で**カエル。**

動物捜し　66ページ

在原業平朝臣
ちはやぶる
神代も
きかず竜田川
からくれなゐに
水くゝるとは

「ちはや**ぶる**」で**ブルドック。**

藤原基俊
契おきし
させもが
露を命にて
あはれことしの
秋もいぬめり

「秋も**いぬ**めり」で**イヌ。**

百人一首的和歌調なぞなぞ

なぞなぞを百人一首のように札にしてみました。別に絵札を作って、『なぞなぞカルタ』として遊んでもおもしろいでしょう。また、皆さんで和歌調のなぞなぞを作ってみてはいかがでしょう。

解答は、おのおのの札の下にあります。

1

その昔《むかし》
童話《わらべばなし》の
月《つき》の中《なか》
もちつき姿《すがた》
あれは何者《なにもの》

（ウサギ）

2

好物《こうぶつ》の
甘《あま》き味《あじ》もの
求《もと》めつつ
群《む》れなし歩《あゆ》む
黒《くろ》き虫《むし》何《なに》

（アリ）

3

巨大耳《きょだいみみ》
それにもまして
驚《おどろ》きて
あきれることは
鼻《はな》の長《なが》さよ

（ゾウ）

4

春《はる》来《く》れば
五本《ごほん》の指《ゆび》の
抜《ぬ》け殻《がら》は
タンスの奥《おく》に
忘《わす》れられけり

（手袋）

5

秋《あき》来《く》れば
針《はり》の小部屋《こべや》を
出《いで》にけり
とんがり頭《あたま》
小《こ》ぼうずなんぞ

（クリ）

6

病魔《びょうま》ども
退散《たいさん》せよと
祈《いの》りつつ
心《こころ》折《お》り込《こ》む
千《せん》の鳥《とり》とは

（千羽ヅル）

7

温《あたた》かさ
冷《つめ》たさあれど
手《て》に取《と》れず
人《ひと》の胸底《むなぞこ》
奥《おく》のまた奥《おく》

（心）

8

紙《かみ》ハサミ
石《いし》の争《あらそ》い
血《ち》を見《み》ずに
片手《かたて》の勝負《しょうぶ》
つかの間《ま》に済《す》む

（ジャンケン）

9

森《もり》の奥《おく》
闇貫《やみつらぬ》きて
「ホホ」の声《こえ》
低《ひく》く響《ひび》きて
時刻《じこく》うしみつ

（フクロウ）

10

天《てん》と地《ち》に
光《ひかり》の剣《つるぎ》
突《つ》き刺《さ》すは
雷《かみなり》の妻《つま》め
それぞ何者《なにもの》

（稲妻）

11

冬《ふゆ》去《さ》りし
森《もり》に林《はやし》に
谷渡《たにわた》り
麗《うるわ》し声《こえ》で
春《はる》を告《つ》ぐ鳥《とり》

（ウグイス）

12

ほかの鳥《とり》の
卵《たまご》を盗《ぬす》み
ゴミあらし
不吉《ふきつ》な声《こえ》で
なくは何鳥《なにどり》

（カラス）

13

わが巣《いえ》は
銀細工《しろがねざいく》
獲物《えもの》捕《と》る
恐《おそ》ろしき糸《いと》
この糸《いと》なんぞ

（クモの巣）

14

トントンと
登《のぼ》りし後《のち》は
おしりにて
滑《すべ》り落《お》ちたり
砂《すな》の柔《やわ》ら地《ち》

（すべり台）

15

ゆらゆらと
緋色《ひいろ》ちりめん
翻《ひるがえ》し
目玉《めだま》パッチリ
水《みず》の姫《ひめ》だれ

（キンギョ）

16

黒《くろ》き子《こ》が
手足《てあし》なけれど
月経《つきへ》しば
蛙《かわず》になるとは
なぞのまたなぞ

（オタマジャクシ）

17

まなびやへ
通《かよ》う童《わらべ》の
背《せ》につきて
六年《むとせ》歩《あゆ》みし
友《とも》は何者《なにもの》

（ランドセル）

18

たいくつの
虫《むし》体内《たいない》を
巡《めぐ》るとき
口《くち》から出《いず》る
くびはなんぞや

（あくび）

19

おふろ屋《や》の
目印《めじるし》つけて
煙《けむり》噴《ふ》く
ちくわ一本《いっぽん》
このなぞなんぞ

（煙突）

20

炭《すみ》の粉《こな》
集《あつ》めてまろく
整《ととの》えて
あんかに入《い》れよ
寒《さむ》き冬《ふゆ》の夜《よ》

（たどん）

21

ブラブラと
公園《こうえん》暮《ぐ》らし
しておれど
童《わらべ》たちには
永遠《えいえん》の友《とも》

（ブランコ）

22

小枝《こえだ》より
つり下《さ》がりたる
継《つ》ぎはぎ家《や》
虫《むし》の住《す》みかぞ
これは何者《なにもの》

（ミノムシ）

23

雨《あめ》の日《ひ》に
人《ひと》の頭《あたま》に
かぶさりて
わが身《み》ずぶぬれ
このものなんぞ

（傘）

24

月《つき》さまが
落《お》とし浮《う》かれし
銀《ぎん》の粒《つぶ》
朝日《あさひ》の殿《との》が
拾《ひろ》い集《あつ》めり

（夜露）

25

山奥《やまおく》に
一本足《いっぽんあし》で
立《た》ち尽《つ》くし
晴《は》れの良《よ》き日《ひ》に
笠《かさ》をかぶれり

（キノコ）

26

まろき家《や》の
壁厚《かべあつ》き部屋《へや》
中《なか》ほどに
白《しろ》むく夜具《やぐ》に
包《つつ》まれし公《きみ》

（卵）

27

花《はな》に舞《ま》う
チョウさながらに
乙女《おとめ》らの
頭《あたま》に似合《にあ》う
いろいろのチョウ

（リボン）

28

ほほに当《あ》て
耳《みみ》に届《とど》けり
恋人《こいびと》の
声《こえ》やうれしき
小《ちい》さき電話機《でんわき》

（携帯電話）

29

赤《あか》ら顔《がお》
大口開《おおぐちひら》き
街角《まちかど》に
手紙《てがみ》を立《た》ちて
食《く》らうもの何《なに》

（ポスト）

30

目覚《めざ》めなき
人《ひと》の耳元《みみもと》
声荒《こえあら》げ
時告《ときつ》ぐるもの
正体《しょうたい》なんぞ

（目覚まし時計）

31

赤帽子《あかぼうし》
かぶりて白《しろ》き
衣着《ころもき》て
涙流《なみだなが》しつ
溶《と》けて消《き》えゆく

（ろうそく）

32

小《ちい》さき指《ゆび》
互《たが》いに絡《から》ませ
誓《ちか》い合《あ》う
堅《かた》き約束《やくそく》
守《まも》れ永遠《とこしえ》

（指きりげんまん）

33

入道《にゅうどう》と
言《い》えるものあり
夏《なつ》の空《そら》
雷連《かみなりつ》れて
もくもくとわく

（雲）

34

若《わか》きころ
白髪《はくはつ》ばかりが
生《は》えそろい
年《とし》ふるごとに
黒《くろ》き髪《かみ》とは

（筆）

35

木《き》や紙《かみ》を
くらいて育《そだ》ち
水食《みずく》えば
たちまちやせて
消《き》えるもの何《なに》

（火）

36

顔四角《かおしかく》
目玉三角《めだまさんかく》の
怪《あや》しもの
足《あし》に食《く》いつき
カラコロ歩《あゆ》む

（げた）

37

座《すわ》りおれば
高《たか》きに望《のぞ》み
立《た》ちたれば
たちまち低《ひく》く
なるものなんぞ

（天井）

38

顔六個《かおろっこ》
目玉二十一《めだまにじゅういち》
転《ころ》がして
運否天賦《うんぷてんぷ》の
あそび具《ぐ》なんぞ

（さいころ）

39

暖《あたた》かき
段々畑《だんだんばたけ》
穴一《あなひと》つ
人《ひと》はうれしき
寒《さむ》き夜《よ》の友《とも》

（湯たんぽ）

40

旅立《たびだ》ちの
朝《あさ》は満腹《まんぷく》
真昼間《まひるま》の
時《とき》を過《す》ぐれば
腹《はら》はペコペコ

（弁当）

41

朝《あさ》まだき
髪振《かみふ》り乱《みだ》し
バタバタと
障子《しょうじ》の桟《さん》の
ほこり払《はら》えり

（はたき）

42

真昼間《まひるま》は
暗《くら》き魔屈《まくつ》に
逆寝《さかね》して
夕《ゆう》べ飛《と》び立《た》つ
黒《くろ》き影何《かげなに》

（コウモリ）

43

人住《ひとす》まず
イヌネコ住《す》まず
空《あ》き家《いえ》の
扉開《とびらあ》くれば
音《おと》の流《なが》れり

（オルゴール）

44

人々《ひとびと》を
美《うつく》しくせむと
励《はげ》みつつ
己《おのれ》はちびて
水《みず》の泡《あわ》と消《き》ゆ

（せっけん）

45

伸《の》びたれば
しわが消《き》えたる
若姿《わかすがた》
縮《ちぢ》めばしわの
老《お》いし姿《すがた》よ

（ちょうちん）

46

わが命《いのち》
短《みじか》かりしと
知《し》りつつも
辺《あた》りにささぐ
蜜《みつ》も香《かお》りも

（花）

47

初恋《はつこい》に
破《やぶ》れし夜《よる》に
泣《な》き明《あ》かす
わが涙《なみだ》に
ぬれしもの何《なに》

（まくら）

48

川沿《かわぞ》いの
柳《やなぎ》を宿《やど》の
虫《むし》たちは
腰《こし》ちょうちんで
夜空《よぞら》飛《と》び舞《ま》う

（ホタル）

49

ひとり身《み》の
老《お》いに孫《まご》なく
されど元気《げんき》
かゆい所《ところ》に
届《とど》く手《て》のあり

（孫の手）

50

丸形《まるがた》の
体《からだ》は骨《ほね》と
皮《かわ》ばかり
一本足《いっぽんあし》で
風《かぜ》を呼《よ》ぶなり

（風鈴）

51

わが衣《ころも》
はがせし憎《にく》き
者《もの》どもの
涙《なみだ》いただく
なぞの野菜《やさい》は

（タマネギ）

52

十二匹《じゅうにひき》
獣《けもの》それぞれ
人々《ひとびと》の
生涯《しょうがい》ともに
つきて離《はな》れず

（十二支／えと）

53

寒《さむ》き朝《あさ》
土盛《つちも》り上《あ》ぐる
柱《はしら》あり
だれぞ住《す》む館《やかた》か
氷殿《ひょうでん》なりや

（霜柱）

54

街角《まちかど》で
手《て》を挙《あ》げ拾《ひろ》う
ものありぬ
拾《ひろ》いしものに
金払《かねはら》うなぞ

（タクシー）

55

空《そら》に浮《う》き
空《そら》を旅《たび》して
時折《ときおり》に
涙激《なみだはげ》しく
流《なが》すもの何《なに》

（雲）

56

今日《きょう》あすと
巡《めぐ》れる日々《ひび》を
重《かさ》ぬれば
体《からだ》やせゆく
なぞの紙束《かみたば》

（日めくり／暦）

57

永久歯《えいきゅうし》
抜《ぬ》けた後《あと》に
生《は》えにけり
入《い》れて外《はず》して
茶《ちゃ》で洗《あら》うもの

（入れ歯）

58

入《はい》りなば
たちまち茶《ちゃ》が出《で》る
イモが出《で》る
におい座敷《ざしき》の
なぞを解《と》けきみ

（トイレ）

59

表顔《おもてがお》
つるりつるりと
滑《すべ》りあり
裏《うら》の顔《かお》には
べとりのりづく

（セロハンテープ）

60

ひととせの
締《し》めくくりなる
夜《よ》に響《ひび》く
百《ひゃく》と八《や》つの
音色《ねいろ》なんぞや

（除夜の鐘）

61

金銀《きんぎん》の
将従《しょうしたが》えて
ウマぞろえ
棋盤《きばん》に競《きそ》う
こま王《おう》ふたり

（将棋）

62

家《いえ》を背《せ》に
角振《つのふ》り立《た》てて
歩《あゆ》めれど
ほこりも立《た》てず
足音《あしおと》もなし

（カタツムリ）

63

悲《かな》しやな
乾《かわ》きし着物《きもの》
着《き》せられず
日《ひ》がな一日《いちにち》
横《よこ》に寝《ね》かさる

（物干しざお）

64

部屋《へや》いっぱい
青天井《あおてんじょう》が
広《ひろ》がれば
力《か》の用心《ようじん》に
人《ひと》は安眠《あんみん》

（蚊帳《かや》）

65

日当《ひあ》たりの
軒端《のきば》で泣《な》いて
泣《な》き尽《つ》くし
身《み》をやつらせる
ものは何者《なにもの》

（つらら）

66

夜《よ》もすがら
明《あか》るき姿《すがた》
美《うつく》しく
夜明《よあ》けとともに
暗《くら》くなりけり

（電灯／外灯）

67

久方《ひさかた》の
逢瀬楽《おうせたの》しむ
天《あま》の川《がわ》
恋《こい》のふたりを
願《ねが》う祭《まつ》りは

（たなばた祭り）

68

山奥《やまおく》に
人《ひと》のまねする
もの住《す》めり
叫《さけ》べば返事《へんじ》す
怪《あや》しやなんぞ

（やまびこ／こだま）

69

川筋《かわすじ》の
土手《どて》でスクスク
育《そだ》ちゆき
体《からだ》にはかま
逆《さか》さまに履《は》く

（ツクシ）

70

石《いし》ころの
並《なら》ぶ洞穴《どうくつ》
ぬるぬると
おしゃべりこんにゃく
一枚《いちまい》なんぞ

（舌）

71

もののふの
よろいかぶとを
着《つ》けたれど
戦《いくさ》に行《い》けぬ
腰曲《こしま》がり何《なに》

（エビ）

72

飯山《めしやま》の
奥《おく》に住《す》みつく
しわ深き
媼《おうな》はだれぞ
きみは知《し》るかや

（梅干し）

73

太陽《たいよう》も
クジラも飲《の》み干《ほ》し
なみなみと
波寄《なみよ》せ返《かえ》す
広《ひろ》きもの何《なに》

（海）

74

ぼんぼりの
明《あ》かりに映《は》える
緋《ひ》もうせん
乙女《おとめ》らうれし
春《はる》の祭《まつ》りは

（ひな祭り）

75

仰《あお》ぎ見《み》る
夜空《よぞら》をスイと
横切《よこぎ》りゆく
願《ねが》いを祈《いの》る
星《ほし》は何星《なにぼし》

（流れ星）

76

風薫《かぜかお》る
さつきの空《そら》を
うれしげに
泳《およ》ぐ魚《さかな》の
群《むれ》はなんぞや

（こいのぼり）

77

愛《あい》込《こ》めて
衣服《いふく》のしわは
伸《の》ばせども
じじばばのしわ
愛済《あいす》まぬだめ

（アイロン）

78

晴《は》れ着《ぎ》そで
翻《ひるがえ》しつつ
打《う》ち上《あ》ぐる
羽根《はね》の音《ね》響《ひび》く
初春《はつはる》の朝《あさ》

（羽根つき）

79

編《あ》みゆけば
ころ転《ころ》がりて
痩身《そうしん》に
変《か》わりゆく玉《たま》
なんの玉《たま》かや

（毛糸玉）

80

白髪《しらが》じじ
みやげ山積《やまづ》み
幼子《おさなご》の
眠《ねむ》れる夢《ゆめ》の
空《そら》を駆《か》け来《く》る

（サンタクロース）

81

二《ふた》つ山《やま》
合《あ》いより音《おと》と
ともに出《いで》
におい辺《あた》りに
まき散《ち》らしけり

（おなら）

82

だれしもが
一度《いちど》は入《はい》れる
住《す》みかなり
入《い》りたる後《あと》は
出《い》ずることむなし

（墓）

83

身《み》はたとえ
骨《ほね》と皮《かわ》との
貧《びん》なれど
大空《おおぞら》に舞《ま》う
元気者何《げんきものなに》

（たこ揚げ）

84

昔《むかし》より
人家《じんか》に住《す》みて
地異予知《ちいよち》し
菌《きん》をばらまく
小悪魔《こあくま》なんぞ

（ネズミ）

85

指探《ゆびさぐ》り
豆押《まめお》しながら
恋人《こいびと》と
交《か》わす便《たよ》りの
携帯《けいたい》うれし

（メール）

86

とこしえに
変《か》わらざる愛《あい》
宝石《ほうせき》に
誓《ちか》いて交《か》わす
熱《あつ》き唇《くちびる》

（婚約指輪）

87

世《よ》の中《なか》の
騒《さわ》ぎくまなく
遠慮《えんりょ》なく
写《うつ》して伝《つた》う
箱《はこ》はなんぞや

（テレビ）

88

もぞもぞと
毛深《けぶか》き姿《すがた》
さらし行《ゆ》く
このやつめらが
チョウになるとは

（ケムシ）

89

王君《おうきみ》も
后《きさき》も王子《おうじ》
宝石《ほうせき》も
紙《かみ》の上《うえ》に載《の》る
あそび具《ぐ》なんぞ

（トランプ）

90

真昼間《まひるま》は
骨《ほね》と肉《にく》とを
入《い》れて歩《ある》き
夜《よる》は疲《つか》れて
あくびざんまい

（靴）

91

よわの夢《ゆめ》
かわやに行《ゆ》きし
ことゆえに
夜具《やぐ》にしたたか
地図《ちず》をかきけり

（寝小便）

92

虫名《むしな》のる
長《なが》き生《い》き物《もの》
ありしもが
その正体《しょうたい》は
なんじゃなんじゃ

（ヘビ）

93

生《う》まれなば
すぐにあぐらを
かきにけり
湯気《ゆげ》立《た》ち上《のぼ》り
香《かお》りそよげり

（うんち）

94

さまざまな
美《うつく》しき花《はな》
飲《の》み込《こ》みて
部屋《へや》明《あか》るくし
香《かお》り振《ふ》りまく

（花瓶）

95

美味《びみ》な菓子《かし》
されど悔《くや》しき
ことなりき
真《ま》ん中《なか》食《く》えぬ
菓子《かし》ぞ悔《くや》しき

（ドーナツ）

96

人畜《じんちく》の
血潮《ちしお》すすりつ
生《い》き生《い》きて
動《うご》きすばやく
跳《は》ねる虫何《むしなに》

（ノミ）

97

大敵《たいてき》は
青《あお》き渦巻《うずま》き
吹《ふ》き上《あ》ぐる
煙《けむり》たちまち
息《いき》の根《ね》止《と》まる

（蚊取り線香）

98

異星《いせい》より
飛《と》び来《く》るものと
皆騒《みなさわ》ぐ
未知《みち》なる物体《もの》ぞ
遭遇《あう》は恐《おそ》ろし

（UFO）

99

行《ゆ》く夏《なつ》を
惜《お》しや惜《お》しやと
声枯《こえか》らし
木立《こだち》に騒《さわ》ぐ
法師《ほうし》はなんぞ

（ツクツクホウシ）

100

たるおけに
入《い》りにしころは
白《しろ》き肌《はだ》
年月《ねんげつ》たちて
出《いず》る黄爺《こうや》は

（たくあん）

101

千人《せんにん》の
粘《ねば》り小《こ》ぼうず
綱《つな》を引《ひ》く
絶《た》えなる香《かお》り
においぬるかな

（納豆）

102

月《つき》の夜《よ》は
雨足来《あめあしきた》る
怪《あや》しやな
だれの嫁入《よめい》り
コン月《げつ》コン夜《や》

（キツネの嫁入り）

103

雨上《あめあ》がり
つかの間《ま》のとき
美《うつく》しく
空《そら》をまたぐや
七色《なないろ》の橋《はし》

（にじ）

104

城持《しろも》たぬ
殿《との》もありけり
青《あお》き田《た》の
ここにかしこに
ケロの音涼《ねすず》し

（カエル）

105

運勢《うんせい》を
占《うらな》う者《もの》の
命運《めいうん》は
いずこにありや
なぞを解《と》けきみ

（易者）

106

夜《よる》の部屋《へや》で
照《て》りし姿《すがた》を
そのまんま
扉開《とびらひら》かず
外《そと》に出《だ》すもの

（明かり）

107

雪《ゆき》の朝《あさ》
座《すわ》りし姿《すがた》
白姿《しろすがた》
日《ひ》ざしに哀《あわ》れ
水《みず》と溶《と》けゆく

（雪だるま）

108

「麗《うるわ》し」と
もろ人《びと》こぞり
言《い》うなれど
そは音《おと》のみで
姿《すがた》なしとは

（声）

109

枯《か》れし葉《は》を
頭《つむり》に載《の》せて
「コン」となく
たちまち変化《へんげ》
怪《あや》しおなごに

（キツネ）

110

いちもくの
手《て》ぎわ鋭《するど》く
打《う》ち合《あ》いし
烏鷺《うろ》の争《あらそ》い
よわに響《ひび》けり

（囲碁）

111

僧殿《そうどの》の
寺《てら》にあれども
売《う》らぬ菓子《かし》
貸《か》すから食《く》えの
なぞは何菓子《なにがし》

（カステラ）

112

鼻《はな》の上《うえ》に
座《ざ》して黙《もく》して
目《め》の前《まえ》の
浮《う》き世見《よみ》つめる
二《ふた》つ窓何《まどなに》

（眼鏡）

113

ひとときの
寝入《ねい》り眼《まなこ》で
見《み》しものは
うつし世《よ》になき
消《き》ゆる幻《まぼろし》

（夢）

114

名月《めいげつ》の
寺《てら》の庭《にわ》にて
仲間《なかま》らと
腹《はら》たたき合《あ》う
おどけ者何《ものなに》

（タヌキ）

115

夕暮《ゆうぐ》れを
また迎《むか》えしを
しみじみと
その日暮《ひぐ》らしを
悲哀《ひあい》込《こ》めなく

（ヒグラシ）

116

体中《からだじゅう》
夕焼《ゆうや》け色《いろ》に
染《そ》めて飛《と》ぶ
秋《あき》の入《い》り口《ぐち》
羽音《はおと》さわやか

（アカトンボ）

付録 百人一首一覧（現代語訳）

百人一首の表記は、基本的に『新版　百人一首』島津忠夫・訳注（角川ソフィア文庫）によりましたが、一部、ほかを参考に変更を加えました。

協力・宮田　修（心の花御所支部）

①秋《あき》の田《た》のかりほの庵《いほ》のとまをあらみわがころもでは露《つゆ》にぬれつゝ《つ》
天智天皇《てんじてんのう》

【口語訳】秋の田の仮の小屋の屋根を葺《ふ》いている苫《とま》が粗いので、私のそでは夜露にぬれています。

②春《はる》すぎて夏来《なつき》にけらし白妙《しろたへ》のころもほすてふあまのかぐ山《やま》
持統天皇《じとうてんのう》

【口語訳】春が過ぎて夏が来たらしい。（夏になると）白い衣を干すという天の香具山です。

③足引《あしびき》の山鳥《やまどり》の尾《お》のしだりをのながゝ《なが》し夜《よ》をひとりかもねん
柿本人丸《かきのもとのひとまる》

【口語訳】山鳥の尾の垂れ下がった尾のように長い長い夜をひとり寝ましょう。

④田子《たご》の浦《うら》にうち出《いで》てみれば白妙《しろたへ》のふじのたかねに雪《ゆき》はふりつゝ《つ》
山辺赤人《やまのべのあかひと》

【口語訳】田子の浦に出て見てみれば、富士の高い峰に雪が降っています。

⑤おくやまに紅葉踏分《もみぢふみわけ》なく鹿《しか》の声《こゑ》きくときぞあきは悲《かな》しき
猿丸大夫《さるまるたいふ》

【口語訳】奥山で紅葉を踏み分けてなくシカの声を聞くときは、ひときわ秋は寂しい。

⑥かさゝ《さ》ぎのわたせる橋《はし》におくしものしろきをみれば夜《よ》ぞふけにける
中納言家持《ちゅうなごんやかもち》

【口語訳】カササギが渡した橋に置く霜が白いのを見れば、夜が更けてしまったなあ。

⑦天《あま》の原《はら》ふりさけみれば春日《かすが》なる三笠《みかさ》の山《やま》にいでし月《つき》かも
安倍仲麿《あべのなかまろ》

【口語訳】大空をはるかに眺めると、春日にある三笠山に出た月だなあ。

⑧我庵《わがいほ》は都《みやこ》のたつみしかぞすむ世《よ》をうぢ山《やま》と人《ひと》はいふ也《なり》
喜撰法師《きせんほうし》

【口語訳】私のいおりは都の東南にあり、このように住んでいる。世の中をつらいと思って住む宇治山と人は言います。

⑨花《はな》のいろはうつりにけりないたづらに我身《わがみ》よにふるながめせしまに
小野小町《おののこまち》

【口語訳】花の色は変わってしまった。むなしく世の中に降る長雨を見ているうちに。

⑩これやこの行《ゆく》も帰《かへ》るも別《わか》れてはしるもしらぬも相坂《あふさか》の関《せき》
蟬丸《せみまる》

【口語訳】これが、行く人も帰る人も別れては、知っている人も知らない人も会う逢坂の関です。

⑪わたのはら八十嶋《やそしま》かけて漕出《こぎいで》ぬと人《ひと》にはつげよあまのつりぶね
参議篁《さんぎたかむら》

【口語訳】大海原を多くの島々を目ざしてこぎ出したと伝えてください。漁師の釣り船よ。

⑫あまつ風雲《かぜくも》のかよひ路吹《ぢふき》とぢよ乙女《をとめ》のすがたしばしとゞ《ど》めん
僧正遍昭《そうじょうへんじょう》

【口語訳】空を吹く風よ、雲の中の通り道を閉じてください。天の少女の姿をもう少しとどめたいものだ。

⑬つくばねの峰《みね》より落《おつ》るみなの川《がは》こひぞつもりて淵《ふち》となりぬる
陽成院《ようぜいいん》

【口語訳】筑波山の峰から流れ落ちるみなの川は、恋心が積もって深い淵になってしまった。

⑭陸奥《みちのく》のしのぶもぢずり誰《たれ》ゆゑにみだれそめにし我《われ》ならなくに
河原左大臣《かわらのさだいじん》

【口語訳】陸奥のしのぶの摺衣《すりごろも》は、だれのために乱れ始めた。そんな私ではないのに。

⑮君《きみ》がため春《はる》の野《の》に出《いで》て若菜《わかな》つむわが衣手《ころもで》に雪《ゆき》はふりつゝ《つ》
光孝天皇《こうこうてんのう》

【口語訳】あなたのために、春の野に出て若菜を摘む私のそでに雪が降りかかります。

⑯立別《たちわか》れいなばの山《やま》の嶺《みね》におふるまつとしきかば今《いま》かへりこむ
中納言行平《ちゅうなごんゆきひら》

【口語訳】別れて因幡の山に生える松（待つ）と聞けば、すぐに帰りましょう。

⑰ちはやぶる神代《かみよ》もきかず竜田川《たつたがは》からくれなゐに水《みづ》くゞ《ぐ》るとは
在原業平朝臣《ありわらのなりひらのあそん》

【口語訳】神代にも聞いたことがない。竜田川が美しい深紅色に水を染めるとは。

⑱住《すみ》の江《え》の岸《きし》による波《なみ》よるさへやゆめの通路人《かよひぢひと》めよく覧《らむ》
藤原敏行朝臣《ふじわらのとしゆきのあそん》

【口語訳】住の江の岸に寄る波の夜でさえ、夢の中の道を人目を避けるのでしょう。

⑲難波《なには》がたみじかきあしのふしのまもあはで此《この》よを過《すぐ》してよとや
伊勢《いせ》

【口語訳】難波潟の短いアシの節の間のような時間さえ、会わないで過ごせというのですか。

⑳わびぬれば今《いま》はた同《おな》じ難波《なには》なる身《み》をつくしてもあはむとぞ思《おも》ふ
元良親王《もとよししんのう》

【口語訳】悲観していても今は同じです。難波にある澪標の名のように、身を滅ぼしても会いたいと思う。

㉑今《いま》こむといひしばかりに長月《ながつき》の有明《ありあけ》の月《つき》をまちいでつるかな
素性法師《そせいほうし》

【口語訳】すぐ来ると言ったのに、待っているにうち九月の有明月が出てしまった。

㉒吹《ふく》からに秋《あき》の草木《くさき》のしほるればむべ山風《やまかぜ》をあらしと云《いふ》らむ
文屋康秀《ふんやのやすひで》

【口語訳】吹くとすぐに秋の草木がなえるので、なるほど山風を嵐と言うのでしょう。

㉓月《つき》みれば千々《ちぢ》に物《もの》こそ悲《かな》しけれ我身《わがみ》ひとつの秋《あき》にはあらねど
大江千里《おおえのちさと》

【口語訳】月を見るとさまざまなものが悲しい。私ひとりの秋ではないのに。

㉔此《この》たびはぬさもとりあへず手向山紅葉《たむけやまもみぢ》のにしきかみのまに〱《まに》
菅家《かんけ》

【口語訳】今回は幣《ぬさ》も用意できませんでした。手向山の紅葉の美しさを、神様の意のままにしてください。

㉕名《な》にしおはゞ《ば》相坂山《あふさかやま》のさねかづら人《ひと》にしられでくるよしもがな
三条右大臣《さんじょうのうだいじん》

【口語訳】逢坂山のさねかづらは、会って寝るという名であれば、人に知られずに会う方法があればよいなあ。

㉖をぐら山峰《やまみね》の紅葉《もみぢ》ば心《こころ》あらば今《いま》ひとたびのみゆきまたなん
貞信公《ていしんこう》

【口語訳】小倉山の峰の紅葉よ、心があるならばもう一度みかどの行幸《みゆき》を待ちましょう。

㉗みかのはらわきてながるゝ《る》泉河《いづみがは》いつ見《み》きとてかこひしかるらむ
中納言兼輔《ちゅうなごんかねすけ》

【口語訳】みかの原を分けて流れる泉川よ、いつ見たというので恋しいのでしょう。

㉘山里《やまざと》は冬《ふゆ》ぞさびしさまさりける人《ひと》めもくさもかれぬとおもへば
源宗于朝臣《みなもとのむねゆきのあそん》

【口語訳】山里は冬こそ寂しさが勝ります。人の訪れもなく、草も枯れてしまったと思うので。

㉙心《こころ》あてにをらばやをらむ初霜《はつしも》のおきまどはせるしらぎくの花《はな》
凡河内躬恒《おおしこうちのみつね》

【口語訳】当て推量で折るのなら折りましょう。初霜でどれが花か惑わせているシラギクの花を。

㉚有明《ありあけ》のつれなくみえし別《わかれ》より暁《あかつき》ばかりうきものはなし
壬生忠岑《みぶのただみね》

【口語訳】有明の月がつれなく見えた別れから、夜明けほどつらいものはありません。

㉛朝朗有明《あさぼらけありあけ》の月《つき》と見《み》るまでに芳野《よしの》の里《さと》にふれるしら雪《ゆき》
坂上是則《さかのうえのこれのり》

【口語訳】ほのぼのと夜が明けて、有明の月の光かと思うほどに、吉野の里に降り積もった雪だなあ。

㉜山川《やまがは》に風《かぜ》のかけたるしがらみはながれもあへぬ紅葉《もみぢ》なりけり　春道列樹《はるみちのつらき》

【口語訳】山中の川に、風が作ったさくは、流れきれずに、残っている紅葉でした。

㉝久堅《ひさかた》のひかりのどけき春《はる》の日《ひ》にしづ心《こころ》なく花《はな》のちるらむ　紀友則《きのとものり》

【口語訳】光ののどかな春の日に、慌ただしく花が散るだろう。

㉞誰《たれ》をかもしる人《ひと》にせむ高砂《たかさご》の松《まつ》もむかしのともならなくに　藤原興風《ふじわらのおきかぜ》

【口語訳】だれを親しい友としようか、高砂の松も昔から友達ではないのに。

㉟人《ひと》はいさこゝ《こ》ろもしらず故郷《ふるさと》ははなぞむかしのかに匂《にほ》ひける　紀貫之《きのつらゆき》

【口語訳】人の心はわからない。昔なじみのこの土地の花は、昔のとおりの香りで咲きにおっている。

㊱夏《なつ》の夜《よ》はまだ宵《よひ》ながら明《あけ》ぬるを雲《くも》のいづくに月《つき》やどるらむ　清原深養父《きよはらのふかやぶ》

【口語訳】夏の夜は、まだ宵のまま明けてしまった。雲のどこに月は宿るのだろう。

㊲白露《しらつゆ》に風《かぜ》のふきしく秋《あき》のゝ《の》はつらぬきとめぬ玉《たま》ぞちりける　文屋朝康《ふんやのあさやす》

【口語訳】白い露に風がしきりに吹く秋の野は、留めていない宝石が散るように美しい。

㊳忘《わす》らるゝ《る》身《み》をば思《おも》はずちかひてし人《ひと》のいのちのをしくもあるかな　右近《うこん》

【口語訳】忘れられるわが身のことは思っていません。ただ、愛を誓ったあなたの命が惜しく思われます。

㊴浅茅生《あさぢふ》のをのゝ《の》しのはら忍《しのぶ》れどあまりてなどか人《ひと》のこひしき　参議等《さんぎひとし》

【口語訳】耐え忍んできたけれど､そのあまり､どうしてあなたが恋しいのでしょうか。

㊵しのぶれど色《いろ》に出《いで》にけり我恋《わがこひ》は物《もの》や思《おもふ》と人《ひと》の問迄《とふまで》　平兼盛《たいらのかねもり》

【口語訳】耐え忍んでも顔色に出てしまいました。私の恋は悩みがあるかと人が言うほどに。

㊶恋《こひ》すてふ我名《わがな》はまだき立《たち》にけり人《ひと》しれずこそ思《おも》ひ初《そめ》しか　壬生忠見《みぶのただみ》

【口語訳】恋していると私のうわさが立ちました。人に知られず思い始めたのに。

㊷契《ちぎり》きなかたみに袖《そで》をしぼりつゝ《つ》末《すゑ》の松山《まつやま》なみこさじとは　清原元輔《きよはらのもとすけ》

【口語訳】約束したね。互いに涙でそでを絞りながら、末の松山を波が超えないように心変わりしないと。

㊸あひ見《み》ての後《のち》の心《こころ》にくらぶればむかしは物《もの》をおもはざりけり　権中納言敦忠《ごんちゅうなごんあつただ》

【口語訳】愛し合った後の心に比べれば、昔は物思いをしなかった。

㊹逢事《あふこと》のたえてしなくは中〱《なかなか》に人《ひと》をも身《み》をもうらみざらまし　中納言朝忠《ちゅうなごんあさただ》

【口語訳】会う事がまったくなかったなら、かえってあの人もわが身も恨まなかっただろうに。

㊺哀《あはれ》ともいふべき人《ひと》はおもほえでみのいたづらになりぬべき哉《かな》　謙徳公《けんとくこう》

【口語訳】かわいそうだと言ってくれる人が思い浮かばないままで、むなしく死んでしまうのだなあ。

㊻由良《ゆら》のとを渡《わた》る舟人《ふなびと》かぢをたえ行衛《ゆくへ》もしらぬ恋《こひ》のみちかな　曾禰好忠《そねのよしただ》

【口語訳】由良海峡を渡る舟人がかじをなくして、どこへ行くのかわからないような恋の道だなあ。

㊼やへ葎《むぐら》しげれる宿《やど》のさびしきに人《ひと》こそ見《み》えねあきは来《き》にけり　恵慶法師《えぎょうほうし》

【口語訳】雑草が茂る寂しい家に、人は来ないが秋は来ている。

㊽風《かぜ》をいたみ岩《いは》うつ波《なみ》のおのれのみくだけてものをおもふ比《ころ》かな　源重之《みなもとのしげゆき》

【口語訳】風が強いので、岩を打つ波が自分だけ崩れるように物思いするこのごろです。

㊾みかきもり衛士《ゑじ》の焼火《たくひ》の夜《よる》はもえ昼《ひる》は消《きえ》つゝ《つ》物《もの》をこそおもへ
大中臣能宣《おおなかとみのよしのぶ》

【口語訳】宮中の諸門を守る衛士のたく火は、夜は燃え、昼は消え、物思いをすることだ。

㊿君《きみ》がためをしからざりし命《いのち》さへながくもがなとおもひぬる哉《かな》
藤原義孝《ふじわらのよしたか》

【口語訳】あなたのために惜しくない命でも、長くあってほしいと思うのです。

51 かくとだにえやはいぶきのさしも草《ぐさ》さしもしらじなもゆる思《おも》ひを
藤原実方朝臣《ふじわらのさねかたあそん》

【口語訳】このようにとだけでも言えない、私の燃える思いを知らないでしょうね。

52 明《あけ》ぬればくるゝ《る》ものとはしりながらなほうらめしきあさぼらけかな
藤原道信朝臣《ふじわらのみちのぶあそん》

【口語訳】明ければ暮れると知りながら、恨めしい夜明けです。

53 歎《なげき》つゝ《つ》ひとりぬるよの明《あく》るまはいかに久《ひさ》しきものとかはしる
右大将道綱母《うだいしょうみちつなのはは》

【口語訳】嘆きながらひとり寝る、夜の明けるまでの間は、何と長いものだと知りました。

54 わすれじの行末迄《ゆくすゑまで》はかたければけふをかぎりの命《いのち》ともがな
儀同三司母《ぎどうさんしのはは》

【口語訳】いつまでも忘れないというのは難しいので、今日を限りの命でありたい。

55 滝《たき》の糸《いと》は絶《たえ》て久《ひさ》しくなりぬれど名《な》こそながれてなほきこえけれ
大納言公任《だいなごんきんとう》

【口語訳】滝の音は聞こえなくなってもう長いけれど、名声だけは今も聞こえています。

56 あらざらむ此《この》よの外《ほか》の思出《おもひいで》に今《いま》ひとたびのあふ事《こと》もがな
和泉式部《いずみしきぶ》

【口語訳】まもなく死ぬであろうあの世の思い出に、もう一度会いたいなあ。

57 めぐり逢《あひ》て見《み》しやそれ共分《ともわか》ぬまに雲《くも》がくれにし夜半《よは》の月影《つきかげ》
紫式部《むらさきしきぶ》

【口語訳】巡り会ったのに、あなたとわからないうちに雲に隠れた夜中の月のようだなあ。

58 ありま山《やま》ゐなの篠原風吹《ささはらかぜふけ》ばいでそよ人《ひと》をわすれやはする
大弐三位《だいにのさんみ》

【口語訳】有馬山の猪名の笹原に風が吹けば、さあそのように人を忘れたりしません。

59 やすらはでねなまし物《もの》をさよ更《ふけ》てかたぶくまでの月《つき》を見《み》しかな
赤染衛門《あかぞめえもん》

【口語訳】ためらわずに寝ればよかったのに、夜が更けて傾くまで月を見てしまいました。

60 大江山《おほえやま》いくのゝ《の》道《みち》のとほければまだふみもみず天《あま》のはしだて
小式部内侍《こしきぶのないし》

【口語訳】大江山や生野の道は遠いので、まだ行ったことのない天の橋立です。

61 いにしへのならの都《みやこ》の八重桜《やへざくら》けふ九重《ここのへ》ににほひぬるかな
伊勢大輔《いせのたいふ》

【口語訳】昔の奈良の都のヤエザクラが、今日宮中で咲きにおっています。

62 よをこめて鳥《とり》の空音《そらね》ははかる共《とも》よにあふさかの関《せき》はゆるさじ
清少納言《せいしょうなごん》

【口語訳】夜が明けないのに、ニワトリのなきまねでだまそうとしても、逢坂の関は許さないでしょう。

63 今《いま》はたゞ《だ》おもひ絶《たえ》なんとばかりを人《ひと》づてならでいふよしもがな
左京大夫道雅《さきょうのだいぶみちまさ》

【口語訳】今となってはただ思いきるとだけを、人づてでなく言う方法があればなあ。

64 朝《あさ》ぼらけ宇治《うぢ》のかはぎりたえ〴〵《だえ》にあらはれわたる瀬々《せぜ》の網代木《あじろぎ》
権中納言定頼《ごんちゅうなごんさだより》

【口語訳】夜明けに宇治の川霧が途切れて、ずっと現れてくる浅瀬の網代木です。

65 恨《うら》みわびほさぬ袖《そで》だにある物《もの》を恋《こひ》にくちなん名《な》こそをしけれ
相模《さがみ》

【口語訳】恨んで悲しんで涙で、ぬれたまま干さぬそでがあるのに、恋のために朽ちてしまう名前が惜しいです。

⑥⑥諸共《もろとも》に哀《あはれ》と思《おも》へ山桜花《やまざくらはな》より外《ほか》に知人《しるひと》もなし
大僧正行尊《だいそうじょうぎょうそん》
【口語訳】いっしょに懐かしく思ってください、ヤマザクラよ。花よりほかに私を知る人はありません。

⑥⑦春《はる》のよの夢《ゆめ》ばかりなる手枕《たまくら》にかひなくたゝ《た》む名《な》こそ惜《をし》けれ
周防内侍《すおうのないし》
【口語訳】春の夜の夢ほどの手まくらなのに、むだに立った浮き名が悔しいです。

⑥⑧心《こころ》にもあらで此世《このよ》にながらへばこひしかるべきよはの月《つき》かな
三条院《さんじょうのいん》
【口語訳】心にもなく、つらいこの世に生き長らえたら、恋しく思われる今夜の月です。

⑥⑨あらし吹《ふく》三室《みむろ》の山《やま》のもみぢばゝ《は》竜田《たつた》の川《かは》のにしきなりけり
能因法師《のういんほうし》
【口語訳】嵐が吹く三室の山の紅葉の葉は、竜田川のにしきであることです。

⑦⓪さびしさに宿《やど》を立出《たちいで》て詠《なが》むればいづくもおなじあきのゆふぐれ
良暹法師《りょうぜんほうし》
【口語訳】寂しさに宿を出て見渡すと、どこも同じ寂しい秋の夕暮れです。

⑦①夕《ゆふ》されば門田《かどた》の稲葉《いなば》おとづれてあしのまろやに秋風《あきかぜ》ぞ吹《ふく》
大納言経信《だいなごんつねのぶ》
【口語訳】夕方になれば門の田の稲葉にやって来て、アシの小屋にも吹く、秋風です。

⑦②音《おと》にきくたかしの浜《はま》のあだ波《なみ》はかけじや袖《そで》のぬれもこそすれ
祐子内親王家紀伊《ゆうしないしんのうけのきい》
【口語訳】名高い高師浜のあだ波をかけないでください。(涙で)そでがぬれますので。

⑦③高砂《たかさご》の尾上《をのへ》の桜《さくら》さきにけりとやまの霞《かすみ》たゝ《た》ずもあらなん
前中納言匡房《さきのちゅうなごんまさふさ》
【口語訳】高い山の峰のサクラが咲きました。里に近い山のかすみはたたないでほしい。

⑦④うかりける人《ひと》をはつせの山下風《やまおろし》はげしかれとはいのらぬ物《もの》を
源俊頼朝臣《みなもとのとしよりあそん》
【口語訳】つれなかった人を、初瀬の山颪よ、激しくあれとは祈らなかったのに。

⑦⑤契《ちぎり》おきしさせもが露《つゆ》を命《いのち》にてあはれことしの秋《あき》もいぬめり
藤原基俊《ふじわらのもとし》
【口語訳】約束して、させも草の露を命にしてきましたが、ああ今年の秋も過ぎ去っていくようです。

⑦⑥和田《わた》の原《はら》こぎ出《いで》てみれば久堅《ひさかた》のくもゐにまがふ奥津白波《おきつしらなみ》
法性寺入道前関白太政大臣《ほっしょうじのにゅうどうさきのかんぱくだいじょうだいじん》
【口語訳】大海原にこぎ出してみると、雲とまちがうような沖の白波です。

⑦⑦瀬《せ》をはやみ岩《いは》にせかるゝ《る》滝川《たきがは》のわれてもすゑにあはむとぞおもふ
崇徳院《すとくいん》
【口語訳】瀬の流れが速いので、岩にせき止められる急流が分かれても、いつかは会おうと思います。

⑦⑧淡路嶋《あはぢしま》かよふ千鳥《ちどり》のなく声《こゑ》に幾夜《いくよ》ね覚《ざめ》ぬすまの関守《せきもり》
源兼昌《みなもとのかねまさ》
【口語訳】淡路島へ通う千鳥のなく声に、幾夜目覚めた須磨の関所の番人です。

⑦⑨秋風《あきかぜ》にたなびく雲《くも》のたえまよりもれいづる月《つき》のかげのさやけさ
左京大夫顕輔《さきょうのだいぶあきすけ》
【口語訳】秋風にたなびく雲の切れ間から漏れ出す月の光は、澄み切って明るいです。

⑧⓪長《なが》からむ心《こころ》もしらずくろかみのみだれてけさは物《もの》をこそ思《おも》へ
待賢門院堀河《たいけんもんいんほりかわ》
【口語訳】長く変わらない心がわからずに、黒髪が乱れてけさは思い悩んでいます。

⑧①郭公《ほととぎす》なきつるかたをながむればたゞ《だ》ありあけの月《つき》ぞのこれる
後徳大寺左大臣《ごとくだいじのさだいじん》
【口語訳】ホトトギスがないた方角を眺めると、ただ有明の月だけが残っていました。

⑧②思《おも》ひわび扨《さて》もいのちはある物《もの》をうきにたへぬはなみだなりけり
道因法師《どういんほうし》
【口語訳】思い悲しみ、それでも命はあるのに、つらさに耐えきれないのは涙でした。

⑧③世中《よのなか》よみちこそなけれおもひ入《いる》やまのおくにも鹿《しか》ぞなくなる
皇太后宮大夫俊成《こうたいこうぐうのだいぶしゅんぜい》
【口語訳】世の中には道はありません。思い詰めて入っていく山奥には、シカがないています。

⑭ ながらへば又此比《またこのごろ》やしのばれんうしと見《み》しよぞいまは恋《こひ》しき
藤原清輔朝臣《ふじわらのきよすけあそん》

【口語訳】生き長らえればまた現在がしのばれるだろう。つらいと思ったときも今は恋しい。

⑮ よもすがら物思《ものおも》ふ比《ころ》は明《あけ》やらぬ閨《ねや》のひまさへつれなかりけり
俊恵法師《しゅんえほうし》

【口語訳】夜通し物思いにふけるころは、明るくならない寝室のすき間まで無情です。

⑯ 歎《なげ》けとて月《つき》やは物《もの》をおもはするかこちがほなるわがなみだかな
西行法師《さいぎょうほうし》

【口語訳】嘆いても、月は物思いをさせます。かこつけ顔の私の涙なのです。

⑰ 村雨《むらさめ》の露《つゆ》もまだひぬまきのはに霧《きり》たちのぼるあきのゆふぐれ
寂蓮法師《じゃくれんほうし》

【口語訳】むらさめのしずくもまだ乾かない槇《まき》の葉に、霧が昇る秋の夕暮れです。

⑱ 難波江《なにはえ》のあしのかりねの一《ひと》よゆゑ身《み》をつくしてや恋《こひ》わたるべき
皇嘉門院別当《こうがもんいんのべっとう》

【口語訳】難波の入り江のアシを刈った後の仮寝(仮根)のような一夜だから、身を尽くして恋い続けるべきです。

⑲ 玉《たま》のをよ絶《たえ》なば絶《たえ》ねながらへば忍《しの》ぶることのよわりもぞする
式子内親王《しょくしないしんのう》

【口語訳】命よ、絶えるのなら絶えよ。生き長らえたら耐えることができなくなるかもしれない。

⑳ 見《み》せばやなをじまの蜑《あま》の袖《そで》だにもぬれにぞぬれし色《いろ》はかはらず
殷富門院大輔《いんぷもんいんのたいふ》

【口語訳】見せたいなあ。雄島の漁師のそででさえも、ひどくぬれた色は変わらない。

㉑ きりぐ《ぎり》すなくや霜夜《しもよ》のさ莚《むしろ》に衣《ころも》かたしきひとりかもねん
後京極摂政太政大臣《ごきょうごくせっしょうだいじょうだいじん》

【口語訳】コオロギがないている霜の夜、むしろに衣の片そでだけ敷いて寝るだろう。

㉒ 我袖《わがそで》はしほひに見《み》えぬおきの石《いし》の人《ひと》こそしらねかわくまもなし
二条院讃岐《にじょういんのさぬき》

【口語訳】私のそでは、干潮でも見えない沖の石のように、人に知られず乾く間もありません。

㉓ 世中《よのなか》はつねにもがもななぎさ漕《こぐ》あまのをぶねの綱手《つなで》かなしも
鎌倉右大臣《かまくらのうだいじん》

【口語訳】世の中は常に変わらなかったらよいのに。なぎさをこいでゆく漁師の、綱を引く手は心引かれる。

㉔ みよしのゝ山《のやま》の秋風《あきかぜ》さよふけて故郷《ふるさと》さむくころもうつなり
参議雅経《さんぎまさつね》

【口語訳】吉野の山の秋風が夜更けに吹いて、旧都は寒々と衣を打つ音が聞こえる。

㉕ おほけなく浮世《うきよ》の民《たみ》におほふ哉《かな》わがたつ杣《そま》にすみぞめの袖《そで》
前大僧正慈円《さきのだいそうじょうじえん》

【口語訳】身分不相応にこの世の人々を覆います。私が立つ山中の、墨染めのそでです。

㉖ 花《はな》さそふあらしの庭《には》の雪《ゆき》ならでふり行《ゆく》ものは我身《わがみ》なりけり
入道前大政大臣《にゅうどうさきのだいじょうだいじん》

【口語訳】花を誘って吹く嵐の庭は雪のようで、古くなってゆくものは私自身なのです。

㉗ こぬ人《ひと》をまつほの浦《うち》の夕《ゆふ》なぎにやくやもしほの身《み》もこがれつゝ《つ》
権中納言定家《ごんちゅうなごんていか》

【口語訳】来ない人を待つ、松帆浦の夕なぎのころ、身も焦がれながら藻塩を焼きます。

㉘ 風《かぜ》そよぐならの小川《をがは》の夕暮《ゆふぐれ》は御祓《みそぎ》ぞ夏《なつ》のしるしなりける
従二位家隆《じゅにいいえたか》

【口語訳】風がそよぐ楢《なら》の木がある小川の夕暮れは、みそぎが夏の証拠であるなぁ。

㉙ 人《ひと》もをし人《ひと》も恨《うら》めしあぢきなくよをおもふゆゑに物思《ものおも》ふ身《み》は
後鳥羽院《ごとばのいん》

【口語訳】人をいとしく、また恨めしく思う。おもしろくなく世の中を思うので、私は。

⑩⓪ 百敷《ももしき》やふるき軒端《のきば》のしのぶにもなほあまりあるむかし成《なり》けり
順徳院《じゅんとくいん》

【口語訳】皇居の荒れた軒端の忍ぶ草にも、忍び尽くせない昔なのだなぁ。

監修者

白澤　政和（しらさわ・まさかず）

大阪市立大学大学院生活科学研究科教授　1974年大阪市立大学大学院修了、
1994年同大学生活科学部教授を経て、2000年より現職。日本老年社会科学会理事、
日本社会福祉学会理事、厚生労働省障害者ケアマネジメント体制整備検討委員会座長
など多くの公職を歴任。老人保健福祉やケアマネジメント関係の著書多数。

著　者

このみ　ひかる

1928年、東京の下町に生まれる。


小学校時代から、近所でも評判のなぞなぞ天才少年だった。

戦前から漫画雑誌に投稿を始め、やがてプロの作家に。

少年誌で、ギャグ・クイズ・パロディものなどを手がける。

テレビの子ども向け番組の企画、出演もこなし、
代表作『ぴよこたんのあたまのたいそうシリーズ』（あかね書房）は、1,000万部を超えるベストセラーとなる。

その他の著書に、『ぜんぶまちがいさがし』（講談社）、『九九パーフェクトゲームブック』（大日本図書）、

『なぞなぞ下町少年記』（筑摩書房）など多数。

なぞなぞ界の第一人者。

協力者（五十音順）

ATCエイジレスセンター

平田真紀子（ナイス・ケア大和田）

溝上凱子（福祉寮母）

宮田　修（心の花御所支部）

協力　エンゼル商事株式会社

※この本の中の百人一首ぬりえのイラストは、エンゼル商事株式会社の百人一首カルタ『元禄』の絵柄を参考に、新たにかき起こしたものです。営利目的には、決して使用しないでください。

参考文献

『新版　百人一首』島津忠夫・訳注（角川ソフィア文庫）
『NHK趣味悠々　篠原ともえの　ウキウキ百人一首』
日本放送協会・編（日本放送出版協会）

高齢者ふれあいレクリエーションブック④

百人一首ぬりえブック

～塗って、飾って、詠んで、遊んで…。百首分のぬりえ・カルタ、ゲーム&なぞなぞ～

2003年11月　初版発行

監修者　白澤　政和

著　者　このみ　ひかる©

発行人　岡本　　健

発行所　ひかりのくに株式会社

〒543-0001　大阪市天王寺区上本町3-2-14　郵便振替　00920-2-118855　TEL06-6768-1155

〒175-0082　東京都板橋区高島平6-1-1　郵便振替　00150-0-30666　TEL03-3979-3112

ホームページアドレス　http://www.hikarinokuni. co.jp

印刷所　日本写真印刷株式会社

Printed in Japan
ISBN 4-564-43034-3
NDC369.263+　80P　26×21㎝